校园篮球课程教学方法
与改革人才培养研究

毕永兴 著

山西出版传媒集团

山西经济出版社

图书在版编目(CIP)数据

校园篮球课程教学方法与改革人才培养研究 / 毕永
兴著. —太原:山西经济出版社,2019.9
　　ISBN 978-7-5577-0554-1

　　Ⅰ. ①校… Ⅱ. ①毕… Ⅲ. ①青少年－篮球运动－体
育教学－教学研究 ②青少年－篮球运动－人才培养－研究
－中国 Ⅳ. ①G841

中国版本图书馆 CIP 数据核字(2019)第 159370 号

校园篮球课程教学方法与改革人才培养研究
XIAOYUAN LANQIU KECHENG JIAOXUE FANGFA YU GAIGE
RENCAI PEIYANG YANJIU

著　　者:毕永兴
责任编辑:司　元
特约编辑:张素琴　张玲花　许　琪　庄凌玲
装帧设计:崔　蕾

出　版　者:山西出版传媒集团·山西经济出版社
地　　　址:太原市建设南路 21 号
邮　　　编:030012
电　　　话:0351－4922133(市场部)
　　　　　0351－4922085(总编室)
E － mail:scb@sxjjcb.com(市场部)
　　　　　zbs@sxjjcb.com(总编室)
网　　　址:www.sxjjcb.com

经　销　者:山西出版传媒集团·山西经济出版社
承　印　者:北京亚吉飞数码科技有限公司

开　　　本:787mm×1092mm　1/16
印　　　张:16.25
字　　　数:211 千字
版　　　次:2020 年 3 月　第 1 版
印　　　次:2020 年 3 月　第 1 次印刷
书　　　号:ISBN 978-7-5577-0554-1
定　　　价:68.00 元

前　言

近年来,我国青少年体质持续下降,体育教学改革过程中存在很多突出的问题,针对这种状况,国家通过出台《中共中央、国务院关于加强青少年体育增强青少年体质的意见》《国务院办公厅关于强化学校体育促进学生身心健康全面发展的意见》等政策文件、举办"阳光体育活动""校园足球"等体育活动来应对。2016年8月,我国发布《教育部办公厅关于校园篮球推进试点工作的通知》,将一些省(市)作为校园篮球推进试点地区,以全面普及与推广校园篮球。开展校园篮球活动,应将开设校园篮球课程,组织篮球教学作为主体形式,辅之课余篮球活动、篮球竞赛等活动形式,开设校园篮球课程教学不仅要紧密结合当前校园篮球开展的现状,还要从各校实际情况入手,因地制宜,稳步推进校园篮球活动向前发展。

校园篮球课程教学质量的好坏,直接影响篮球人才培养目标的实现。而教学方法是教学过程整体结构中的重要组成部分,是实现篮球教学目标的重要途径和手段,只有解决方法问题,才能高质量地完成教学任务。近些年来,体育教育工作者逐渐意识到了教学方法在教学过程中的独特地位和作用,纷纷对其进行大量研究与探索,虽然取得了一定的成绩,但总体而言教学方法依然较为传统单一,缺乏创新,能够激发学生学习兴趣,提高教学效率的创新性教学方法较少,因此还需进一步深入改革研究。此外,随着《教育部办公厅关于校园篮球推进试点工作的通知》的下发,校园篮球进入了新的发展时期。如何在新时期下,用"体教结合"的体育观念,深化改革,形成科学完备、可持续发展的校园篮球后备人才培养体制,以推动我国篮球运动的发展,是我们要进一步研究的课题。鉴于此,作者在查阅大量相关著作文献的基础上,精心撰写了《校园篮球课程教学方法与改革人才培养研究》一书。

本书共有八章内容,第一章阐述与分析篮球运动与校园篮球的基本理论与发展,以形成对篮球与校园篮球的初步认识,为后面的研究奠定基础。第二章研究我国校园篮球课程的开展情况与科学拓展,包括我国校园篮球课程的开展现状、改善策略、校园篮球隐性课程和精品课程的开发与建设。校园篮球课程是校园篮球活动的主体形式,完善校园篮球课程,充分调动各方面的资源以创造性地开发新课程,对校园篮球的发展具有重要意义。第三章对校园篮球课程教学理论体系的构建展开研究,包括校园篮球课程教学理念、教学目标与原则、教学步骤与常规方法、教学考核与评价以及校园篮球课程教学与学生终身体育意识培养的关系。校园篮球课程的开展与实施离不开科学理论的指导,构建与完善篮球课程教学理论体系能够为落实篮球教学工作提供有效指导与基础保障。第四章是创新教育背景下校园篮球课程教学方法的改革及应用,首先分析校园篮球课程教学方法的现状与改革思路,然后分别对微课教学法、体验式学习法、学导式教学法等现代教学方法在篮球教学中的应用进行研究,最后探讨篮球课程教学方法的组合应用。这是本书的一个重点章节,旨在为校园篮球课程教学方法的改革与创新提供思路与建议,将更多更新的方法引入篮球课堂中,激发学生的学习兴趣与积极性,提高教学质量与效率。篮球教学方法不仅包括教师"教"的方法,还包括学生"学"的方法,学生的学习具有自主性,要在教师的指导下充分发挥主观能动性,养成良好的学习习惯,用最适合自己的方法取得最大的学习成果,因此第五章重点探讨了校园篮球课程教学中学生学习行为与方法指导。第六章探讨校园篮球人才培养模式与路径,首先分析我国校园篮球人才培养现状,然后探讨新视角下校园篮球人才培养体制与模式的完善策略以及培养的科学路径,最后分析校园篮球人才培养的新趋势。校园篮球人才培养关于我国篮球事业的发展,因此要充分利用校园的教育资源,发挥学校的教育作用,对符合现代社会需求的全面型篮球后备人才进行培养,为我国篮球事业的发展提供助力。第七章与第八章分别探讨校园篮球人才基本素质和核心技能素质的培养,拥有良好的文化素质、身心素质以及技战术素质是对优秀篮球人才的基本要求,这两章重点研究对校园篮球人才这些素质的培养方法,以提高校园篮球人才的综合素质。

整体而言,本书具有以下鲜明特点。

首先,结构安排合理。本书首先初步分析篮球与校园篮球运动的基本知识,然后探讨校园篮球课程的开展、拓展、教学理论及教学方法和学习方法的创新应用与指导。最后研究校园篮球人才的培养理论与方法。紧扣主题,层层推进,结构清晰,内容丰富。

其次,亮点突出,注重创新。随着社会的改革与教育的进步,传统的教学方法等已不能完全适应现代化教学的需要,只有去粗取精,不断调整与改革教学方法,创造新方法,才能有效调动学生的学习积极性,充分改善教学效果,提升教学质量。基于这一认识,本书研究篮球教学方法的改革以及学习方法的新尝试,提出一些科学的、可操作性强的新方法,体现了本书的亮点与创新之处。

最后,具有时代性与现实意义。在"体教结合"的新形势下,培养校园篮球后备人才是我国体育与教育系统发展的重要一环。篮球运动作为我国的大众普及项目,走"体教结合"发展之路具有一定的优势。本书研究校园篮球人才的培养,以解决"学训矛盾",培养优秀的全面发展的篮球后备人才,推动我国篮球运动的普及与健康发展。

总之,本书着重研究我国校园篮球课程的开展、教学方法创新及校园篮球人才培养,在与当前实际情况紧密结合的前提下提出切合实际且具有可操作性的改革意见和建议,期望本书能够为推动新时期我国校园篮球试点工作的顺利进行,提高篮球教学效果,为我国培养更多优秀的篮球后备人才做出重要贡献。

在本书的撰写过程中,作者不仅参阅、引用了很多国内外相关文献资料,而且得到了同事亲朋的鼎力相助,在此衷心表示感谢。由于作者水平有限,书中难免有疏漏之处,恳请同行专家以及读者批评指正。

作　者

2018 年 12 月

目　录

第一章　篮球运动与校园篮球概述

篮球运动既是一项集体运动，又是一项综合运动，具有集体性、对抗性、时空性、综合性等特点，深受世界各国人民的喜爱，是世界上单项体育人口最多的运动项目之一。从篮球运动产生之时起，就逐渐形成了特有的篮球文化现象，而且这项运动在学校中盛行后，更是形成了独特的校园篮球文化。篮球运动进入校园，对学生各方面素质的培养具有重大意义。本章主要阐述与分析篮球运动与校园篮球的基本知识，包括篮球运动的起源与演变、特点与规律；校园篮球与学生健康、校园篮球文化及校园篮球的发展。

第一节　篮球运动的起源与演变

一、篮球运动的起源

美国马萨诸塞州斯普林菲尔德市基督教青年会训练学校体育教师詹姆斯·奈史密斯博士在1891年发明了篮球运动。冬天户外气候寒冷，学生在室外的运动受到了限制，这个问题引发了詹姆斯·奈史密斯博士关于如何在室内开展有益于学生身心健康的运动的思考。竹筐扔桃子的儿童游戏使詹姆斯·奈史密斯博士受到了启发，他慢慢设计出在墙上钉竹筐，从远处向竹筐投球的游戏方法。这便是篮球运动的起源。这项运动一经问世，便广泛传播,迅速发展,很快世界各地都开始出现这项运动。篮球运动是在 1895 年传入我国的。

二、篮球运动的演变简析

篮球运动的集体性、对抗性、健康性、娱乐性、趣味性、观赏性等特征十分突出,因此获得了快速发展。下面简要分析篮球运动的演变及发展历史上的重大事件。

1904 年,篮球表演赛首次出现在第 3 届现代奥运会上。

1932 年,日内瓦成立国际业余篮球联合会,成员有意大利、葡萄牙、希腊等 8 个国家。

1936 年,男子篮球被列为奥运会正式比赛项目(第 11 届奥运会)。

1950 年,第 1 届世界男子篮球锦标赛在阿根廷举办,国际业余篮球联合会决定每 4 年举办一届。

1953 年,第 1 届女子篮球锦标赛在智利举办,国际业余篮球联合会决定每 4 年举办一届。

1976 年,女子篮球被列为奥运会正式比赛项目(第 21 届奥运会);业余篮球联合会在各大洲先后成立,篮球运动全面推广,不断完善。

1989 年,"国际业余篮球联合会"更名为"国际篮球联合会"。篮球运动逐渐成为全世界最受欢迎的体育项目之一。

随着篮球运动的不断发展,篮球比赛规则也日渐完善,最初篮球游戏的场地面积、参加人数等没有统一要求,胜负以球进筐的多少来衡量。20 世纪 20 年代末,一些简单的比赛规则与要求被提出,主要是为了对粗暴抢球动作加以限制,如场上队员限制为 5 人,不允许做推、撞、打、踢等粗暴动作,禁止双手拍球和拿球跑等。此时比赛的攻守形式主要是单兵作战,战术配合处于萌芽阶段。

20 世纪三四十年代,世界上比较统一的篮球竞赛规则由国际业余篮球联合会初步制定,如违例罚则和犯规罚则等。篮球运动正式登上国际舞台后,各国篮球队纷纷采用快攻、掩护、策应等进攻战术和盯人防守、区域联防等战术阵型。50年代至70年代,篮球运动的普及更加广泛。随着篮球技战术的丰富和发展,篮球规则与技战术之间的相互制衡与相互促进关系日渐显现出来。而且篮球竞赛逐渐开始成为巨人的"空中游戏",力量与高度相结合的欧洲型打法和小、快、准、灵相结合的亚洲型打法逐渐形成,独具风格与特色。

20世纪90年代以来,许多篮球技巧表演也随着现代篮球运动的发展而不断出现,篮球运动的技艺愈发充实、完美,战术打法的实用性更强,运动员的综合素质与篮球技战术的运用能力发生质的变化,篮球竞赛规则的系统性、公平性、完善性也越来越突出,总体上这项运动"高""快""全""准""变"的发展趋势越来越鲜明。

第二节　篮球运动的特点与规律

一、篮球运动的特点

(一)集体性

在篮球运动中,任何技、战术行动的顺利实施与出色完成都需要队员之间的集体协同配合。所以每位队员的积极主动性和全队行动的协调一致性都非常重要。只有全队团结一致,精神集中,将集体的技能与智慧充分发挥出来,才有可能获得良好的成绩,这体现了篮球运动的集体性特征。

(二)对抗性

篮球运动是一项对抗性运动,队员之间直接发生身体接触,攻守的强对抗是篮球的基本特征与规律。篮球的对抗性从诸多方面表现出来，如无球队员之间的对抗、双方意志品质和心理素质的对抗、争夺篮板球的对抗等。正因为篮球运动具有对抗性，所以才能对人的竞争能力与意识进行培养。

（三）多元性

篮球运动作为一门体育学科课程，具有较强的交叉性，发展方向越来越多元，这从其在运动方面的知识上就能够体现出来。篮球运动的发展对运动员的身体形态条件、生理机能水平、运动素质、心理品质、个性气质、运动意识、团队精神、道德作风以及专项技能与实战能力等提出了较高的要求，这也是篮球运动多元性的体现。

（四）变化性

篮球运动的进攻与防守转换非常迅速，几乎发生在一瞬间，所以比赛节奏非常快，观众也处于全神贯注、心理紧张的观赏状态，这反映了篮球运动的巨大魅力。另外，篮球比赛变化多端，运动员如果只用一种固定打法，不随机应变，是无法取得优势的，各队都必须根据赛场上变化莫测的情况灵活应对，不断调整打法，这是篮球运动变化性特征的又一体现。

（五）综合性

篮球运动技术丰富多样，在实战中很少使用单一技术，大都以组合形式来应用，再加上赛场上的情况复杂多变，所以组合技术的应用也是多样化的，具有随机性。此外，篮球运动涉及竞技学、教育学、社会学、管理学等学科，可以说是交叉的边缘性学科，这就要求教练员充分掌握科学化的训练手段，具有良好的管理能力与临场指挥技能，也就是综合素质要较强。这体现出篮球运动是一项综合性运动。

（六）教育性

从篮球运动的发展历史就能够看出其蕴含的教育内容非常丰富，这项运动不仅能够提高人的身体素质，丰富社会文化生活，促进社会交往，还可以增强国家与民族的自尊心与自信心。

另外，篮球运动员之间的统一行动、相互配合是以各自积极的道德情感作为基础的，强烈的责任感与荣誉感是团队并肩作战的重要精神支柱。所以，篮球运动可以培养人良好的道德品质和集体主义精神，促进正确道德价值观的形成与升华。

（七）职业性

随着世界各国职业篮球俱乐部的不断建立、篮球竞技水平的持续提高以及竞赛规则的不断完善，世界篮球运动飞速发展。篮球运动员体能、智能及技能的提高对于篮球运动的职业化发展进程起到了重要的催化作用。今天，全球职业化篮球已发展成为一项新兴体育产业，篮球运动的职业性越来越突出。

（八）商业性

随着篮球运动职业化发展进程的加快，篮球职业联赛也广泛开展起来，职业联赛的开展又对篮球运动进入商品化、商业化发展轨道具有重要的推动作用。篮球的商品化发展促进了篮球器材、运动服装等相关商品的开发，从商业角度来看，篮球运动员的技能也是商品，以盈利性操作与经营为主的俱乐部不断增加。

二、篮球运动的规律

篮球运动本身所固有的联系就是篮球运动规律，具有必然性、普遍性及稳定性特征。人们无法从主观上改变篮球运动规律，这是众所周知的客观事实。篮球运动规律不管是否被人们认识、承认，其都会以固有形式影响篮球运动的发展。掌握篮球运动的规律是更好地认识和进一步发展这项运动的基础,从篮球运动的规律出发进行篮球运动的改革创新才具有科学性。

现代篮球运动迅速发展,比赛竞争性越来越激烈,很多问题都迫切需要解决,而只有对篮球运动的规律进行深入分析与研究,分析篮球运动相关因素的相互关系,才能有效解决实际问题,更好地树立新的篮球运动实践,推动篮球运动的高水平发展。

下面主要阐析篮球运动的基本规律。

(一)攻守的动态均衡发展规律

篮球运动中存在一对根本性的矛盾,即进攻和防守。进攻是为了得分,防守是为了阻止对方得分。一支优秀的队伍既要能够做好进攻,也要能够组织好防守,将进攻与防守同步重视起来,如果偏颇一方,要想在比赛中获胜是十分艰难的。维持进攻和防守的动态均衡是赢得比赛主动权的重要条件。技术是篮球运动的基础,战术是技术的运用形式,如果只是技术好,而不知如何组织战术,则难以充分发挥技术水平。同样,如果只懂得组织战术,而技术基础差,则战术的使用价值就不会实现。

现代篮球运动对篮球队的要求是基础技术全面扎实,战术能力强且有针对性,只有技战术均衡发展,综合能力才会提升,获胜的可能性才会增加。

(二)多方面的节奏变化规律

1. 篮球运动的节奏

篮球运动的节奏是指篮球比赛和技、战术的运用中表现出来的动静交替和快慢的时间间隔关系。[①] 篮球节奏是篮球运动的基本规律之一,一场篮球比赛中时刻存在着节奏的变化,并以多种

---

① 王峰.现代篮球运动的理论研究[M].北京:人民日报出版社,2013.

形式全方位表现。如果篮球比赛中两队势均力敌,那么两队对节奏掌握的能力直接影响比赛结果。

（1）节奏的技术表现

技术运用时间快慢的间隔关系就是节奏的技术表现。在技术的合理运用中,表现出来的节奏是和谐的,而且技术运用效果良好。技术的协调、娴熟、完美都体现在和谐的节奏中。例如,使用假动作为持球突破做铺垫,假动作要慢,要生动逼真,要能够诱使对方上当,而实施持球突破的真动作时,动作要快,使对手来不及调整位置,从而成功突破。

（2）节奏战术表现

运用战术时,各阶段时间快慢和各部分动静的关系就是节奏的战术表现。不同的篮球战术有不同的节奏规律,攻守联防、半场人盯人战术的节奏以慢为主。具体战术的节奏又有不同,例如,运用快攻战术时,要加快发动和推进阶段的节奏,迅速压倒对手,使对方措手不及。快攻结束时,要准确进行观察与判断,在最佳时机攻击,以促进攻击效果的强化。

篮球比赛节奏的快慢和变化受时间、比分、对方水平、本方实力等很多因素的影响。对比赛节奏的牢固掌握和随机调节有助于掌握主动权。在比赛中如果打法节奏混乱,则容易陷入被动局面,应立即通过暂停、换人、改变战术、中场休息部署等方法来控制与调节,变被动为主动。

2. 全方位的变化规律

篮球运动是技能主导类同场对抗运动,各队都必须依据对手的情况来有针对性地分配体能,合理部署技、战术的运用。篮球技、战术的规模和运用模式有很多,在比赛中不能固定不变地运用一种或简单的几种技战术,这不符合篮球比赛无时无刻全方位变化的规律。篮球比赛节奏的不断变化增强了篮球运动的艺术性和观赏性。在比赛中随机变化可以变被动为主动,有效扭转局面。

篮球技术的变化主要指在技术应用中,位置、时空、假动作等因素的变化。例如,个子小的运动员突破投篮遇到大个子补防和封盖,以躲避封盖,顺利投篮。个子高的运动员碰到个子小的对手的防守,可调整位置,尽可能在篮下通过挤、靠完成投篮或迫使对方犯规。持球突破前在一侧做突破假动作,对手上当对另一侧进行封堵时,持球者迅速从另一侧突破。如果对手没有去另一侧堵截,说明其成功识破了假动作。在运用假动作的过程中真假、虚实的变化具有较高的观赏价值,使比赛更精彩。

（三）全面、综合对抗规律

篮球运动的综合抗衡从身心、智力、技术、战术和意识等方面体现出来,这些因素融为一体,使抗衡更全面,水平更高。时间上分秒必争、必抢,时刻都在争抢和拼斗;空间上地面和空间的立体式对抗等也体现了篮球运动的综合对抗性。篮球运动的全面、综合对抗规律使这项运动的瞬时性、凶悍性、应变性等特征变得更加突出。

无球对抗和有球对抗、篮板球对抗和转换对抗等是篮球运动综合对抗的主要表现形式。其中转换对抗指的是无球和有球的转换对抗及防无球和防有球的转换对抗,这个对抗形式很容易被忽略。快速移动是转换对抗的基础,具体包含的技术环节有调整位置、保持适宜距离和恰当的身体接触等。

篮下、限制区和三分线附近是篮球运动全面综合对抗的重点区域,展开对抗的主要是双方中锋队员、篮下突破队员以及空切队员。

运动员只有具备良好的身体素质,才能展开全面综合对抗,在身体接触和对抗中,要对身体力量灵活运用,进行刚柔相济、灵活协调的对抗,而不是硬碰硬的蛮横对抗。

第三节　校园篮球与学生健康

校园篮球对促进学生生理健康和心理健康具有重要意义,具体分析如下。

一、校园篮球与学生生理健康

(一)提高生理机能水平

校园篮球运动可提高学生的生理机能水平,这具体表现在以下几方面。

(1)在篮球运动中,参与者之间展开力量的抗衡,要完成突然与连续的起跳,要能够快速奔跑,有敏捷的反应,学生参与校园篮球运动,有助于使身体肌肉变得结实、匀称。

(2)篮球运动是对抗运动,强度很高,可以促进人体新陈代谢,促进机体代谢率的提高,增强各器官功能,使人的体质及抵抗力从根本上得到改善与增强。

(3)篮球比赛瞬息万变,具有很大的不确定性,所以参与者必须将各种协调的技术动作充分掌握好,并具备良好的随机应变能力。学生长期坚持参与校园篮球运动,能够促进各感觉器官尤其是视觉感受器功能的增强,同时能够使动作更精细,使注意力分配与集中的能力得到提高。

(二)提高身体素质

篮球运动的特点要求参与者应具备良好的力量、动作速度、反应速度、耐力及灵敏等素质。学生坚持不懈地参与校园篮球运动,能够促进这些身体素质的协调发展。另外,在快速奔跑中进行篮球运动,有大量的跳跃、转身跨步、起动等动作,能够使各关节韧带与肌肉得到锻炼,提高柔韧素质。

二、校园篮球与学生心理健康

学生长期参加篮球运动,个性与心理都会变得健康、积极。

校园篮球对学生心理健康的积极影响如下。

(一)培养顽强意志品质

现代篮球运动具有对抗强烈、争夺激烈的特点。参与双方直接对抗,不仅要求身体素质全面发展,技战术能力高,还要求意志顽强,有拼搏精神和勇敢品质。学生参与校园篮球运动同样应具备顽强的意志,只有在对抗中克服各种困难,才能获得好的成绩。

(二)创造良好情绪体验

现代篮球运动的观赏性、趣味性很强。因此学生通过校园篮球运动的锻炼,可以获得良好的情绪体验。具体表现如下。

(1)校园篮球可以调节学生的情绪,振奋学生精神,给学生带来快乐感,使学生的自信心、自尊心变得更强,更加自强不息,这也能改善因学习压力大而造成的神经衰弱等精神疾病。

(2)学生参与校园篮球运动,能够与同学建立良好的感情,维护与巩固友谊,促进交流。对性格内向的学生来说,参与校园篮球运动还能使其更好地认识自己的价值,性格变得开朗、阳光一些。

(3)学生参与校园篮球比赛,获胜后可以产生成就感、愉悦感和幸福感。

(三)塑造健全人格

宏观上而言,篮球运动是群体的竞争;微观上而言,篮球运动是群体中个体间的技巧智能与身体冲击的直接对抗。在校园篮球比赛中,学生要想获胜,就要敢于冒险、创新,准确观察判断,善于抓住时机,这是实现学生个性自由发展的有效途径。另外,校园篮球运动还能培养学生的集体主义精神和良好的个性。

第四节　校园篮球文化解析

一、校园篮球文化的概念

校园篮球文化指的是以校园为空间,以学生和教师参与为主体,以篮球运动为主要内容和运动手段,所创造的篮球物质财富和精神财富的总和,其表现出一种具有校园独特形式的学生群体文化生活。①

二、校园篮球文化的特征

(一)物质性

校园篮球文化的物质性指的是校园篮球的物质条件,包括篮球场地、篮球设备及与相应的校园环境等。这些物质是校园篮球文化赖以存在的重要媒介,具有文化熏陶作用,能够深深感染身处其中的每一位校园人,起到精神引导作用。

(二)精神性

校园篮球文化的精神性指的是校园篮球彰显出来的体育精神、体育道德、体育品质、体育价值观、精神风貌及相关文明礼仪。学生在篮球比赛中的集体主义精神、集体荣誉感等都是校园篮球人文精神的集中体现。在校园篮球比赛中,参赛选手表现出来的顽强拼搏、永不言败的精神使其他学生深受鼓舞,不仅增强了学

---

① 钱海龙,柴晓娟.人文关怀视域下校园篮球文化价值探析[J].教书育人,2015(35).

生的自信心,也有效推动了校园篮球的积极发展。

（三）体制性

校园篮球文化的体制性是校园篮球行为文化的动态呈现形式,主要包括篮球教学活动、赛事活动及管理制度等。

三、校园篮球文化的功能

校园篮球文化具有以下功能。

（一）健身功能

篮球运动是集体性运动,也是综合性运动,学生从事形式多样的校园篮球活动,有助于促进身心健康,锻炼综合能力。具体可以从生理学和心理学视角来分析校园篮球文化的功能,参考第三节校园篮球与学生健康的关系。

（二）增智功能

现代篮球运动发展的科学化、谋略化、技艺化趋势越来越鲜明,校园篮球文化的发展水平也因此而不断提升,表现出技术与智谋的渗透结合,因此学生参与校园篮球活动,既要从中汲取文化营养,又要不断丰富自己的文化知识,这样才能更好地理解篮球运动的本质。篮球运动能够使学生大脑的物质结构和机能状况得到改善,促进其思维能力的提高,为学生智力开发与提高创造良好的条件。

（三）娱乐功能

通过参与校园篮球文化活动,学生可以对道德文化、体育知识、方法和技能有一定的了解与掌握,同时也可以陶冶情操,增进友谊,获得良好的精神体验与享受。很多学生都认为打篮球是一项快乐的运动,打篮球可以放松身心,缓解压力,调节学习。校园篮球使学生成为主动的体育实践者,从而为学生的终身体育生活打好基础,使其形成积极健康的生活习惯。

(四)教育功能

校园篮球运动具有良好的教育作用,这项运动集体性很强,能够对学生的组织纪律性、应变性、集体主义精神进培养。这符合青少年学生较强的上进心、好奇心和活泼好动的心理特征。开展校园篮球竞赛,能够提高学生的竞争意识、开拓创新意识,同时对其责任感、集体荣誉感进行培养。

(五)群育功能

校园篮球运动的集体性能够培养学生的团队精神、协同作风,球场上一切个人行为都要基于并服务于全队整体目的任务,这就是"集"的核心体现,发挥集体力量赢得好成绩。只有将个人技能融汇于集体,个人才能获得集体的最佳保障,个人技术才能有更多的机会发挥。校园篮球运动能够对学生的团队意识、规范意识、平等意识等社会观念和行为模式进行有效的培养。

四、校园篮球文化建设

(一)校园篮球文化建设的意义

1.丰富校园文化,促进全面发展

校园篮球文化建设有利丰富与完善校园文化,在促进学生健康心理及良好行为规范的形成方面,校园篮球文化的精神特质起到关键作用,进而促进良好校园文化的形成。校园篮球文化与校园文化的充分整合使篮球精神与校园精神完美契合,进而使篮球文化精神更加开放、动态化、多元化,这有助于促进学生的全面发展。

2.活跃体育氛围,强化团队意识

校园篮球文化是校园体育文化的重要组成部分,二者具有密切的内在逻辑关系。建设校园篮球文化可以使学生的人际交往能力得到提高,同时可以培养学生正确的体育观和价值观,而这正好符合校园体育文化建设的根本诉求。

3.培养后备人才,壮大篮球事业

从事校园篮球运动的人数在很大程度上影响校园篮球后备人才的培养能力,这是量变引发质变的原理,校园篮球文化带动学生参与这项运动,对篮球运动技能进行学练,如果学生学习与掌握篮球知识与技巧,不断提高自己,便能够以"篮球后备人才"的身份为我国篮球事业做出贡献。校园篮球文化建设要求对篮球知识、篮球精神大力普及,提高篮球运动的参与性和普及性,师生的广泛参与能够促进校园篮球后备人才的培养。

(二)校园篮球文化建设的现状

随着我国各级院校不断落实校园篮球战略,校园篮球文化建设的成效越来越显著,但因为社会环境、篮球体制、教学理念等多方面因素的影响,校园篮球文化建设还存在一些不足之处,下面主要分析几个常见的问题。

1.思想认知偏差,身体素质偏低

竞技文化是篮球文化的一大核心要素,这在篮球比赛中集中体现出来,但目前来看,我国校园篮球比赛次数少,规模小,学生的满意度较低。各地大规模的校园篮球联赛非常少,甚至高校各院系或专业组建篮球队都是不被允许的,这容易导致篮球文化隔离在校园文化建设范畴外,学生开展篮球活动只能通过业余的方式,这对篮球文化的建设培育造成了严重制约。这一问题的产生原因如下。

（1）学校对篮球文化的认识存在思想偏差，不明确篮球文化建设的价值，主观上不愿意组织校园篮球联赛。

（2）学生身体素质较差，不具备参与大规模篮球联赛的良好身体素质。篮球运动对参赛选手的身体素质提出较高的要求，爆发力、耐力、速度、灵敏度等都是必须具备的基本素质，而大部分学生的身体素质没有达到要求。

2.缺少宣传教育，整体氛围较差

要想有效建设校园篮球文化，达到预期效果，不仅要在物质层面上加大投入力度，还要在精神层面上加强宣传教育力度。我国校园篮球文化的传播力和渗透力还不够强，有些学校只对传统文化教育比较重视，还没有正确认识校园篮球文化建设在促进学生身心健康发展中的重要价值，所以校园宣传单位没有对此展开广泛的传播。校园宣传栏、广播、网站等媒介宣传的篮球文化知识很少，从而对校园篮球文化的建设培育造成了限制，校园篮球文化的多元效能也无法充分发挥出来。

3.环境建设落后，教学效果不佳

校园篮球运动的推广需要基本的物质条件，篮球场地是先决条件，若场地不足，校园篮球的发展规模将直接受到影响，校园篮球文化的建设空间也会严重受限。我国学校普遍缺少篮球场地，现有场地存在陈旧老化、照明设备不足、不符合篮球新规等问题，而且篮球课程教学也以基本技能为主，学生很少有机会参加实战训练。此外，学校专业体育教育设备不足，教学的要求得不到满足，导致篮球教育教学效果差，从而制约校园篮球文化建设。

（三）校园篮球文化建设路径

在校园篮球文化建设中，为了顺利达到预期效果，可以从以下几个维度着手开展工作。

1.学校维度的建设路径

篮球场地及相关设施是校园篮球运动发展的基本物质条件支撑,校园篮球文化建设同样离不开这个基础条件。因此,学校要高度重视篮球物质文化建设,加大投入,具体方法如下。

(1)结合学校实际对现有体育场地合理利用,有条件的学校可以改造室内外体育场地,打造多功能的运动场所,在不同时段对不同体育项目的教育和训练合理安排,将室外体育场地充分利用起来开展篮球教学,加强篮球文化建设。

(2)充分利用社会资源,加强与企事业单位的合作,拉动赞助,增加推广学校篮球运动的资金来源渠道。根据学校的经费情况对室外篮球场地设施进行修缮,室内球馆适度开放,可根据需要建设塑胶球馆,为教学和学生活动提供方便。学校篮球馆也可以对社会开放,收取一定费用,缓解学校篮球发展的资金紧缺问题。同时,加强篮球场地的配套设备建设,使场地利用率不断提高。

(3)结合校园文化和篮球文化特色,对个性化的篮球图标和球队名称进行设计,然后在篮球教学、篮球训练和篮球赛事活动中广泛运用这些文化标志,促进校园篮球物质文化内涵的丰富。同时,积极组织趣味篮球竞赛活动,如定点投篮、篮球接力等,将这些灵活有趣的活动融入校内团体活动中,促进学生积极参与,对篮球竞赛形式单一、选手水平低的问题进行有效解决。鼓励本校篮球队与其他学校篮球队、社会篮球队之间的互动,以全面建设校园篮球文化。

2.平台维度的建设路径

学校将期刊、社交媒体、网站等大众传播媒体充分利用起来,促进宣传平台的拓展,加强对篮球文化的宣传教育,刺激学生的感官,引起他们的关注,改变学生对篮球的认知,使其主动参与和学习,提高学生对篮球文化的认可度。具体来说,平台维度的构建对策有以下几点。

（1）学校对宣传栏、校报、门户网站等媒介灵活运用，扩大宣传范围，对有关篮球运动的新闻、趣闻多报道一些，篮球运动员的精神、奉献是重点宣传内容，让学生认识与了解伟大球星，获得人生启迪、思想升华，然后产生对这项运动的兴趣。

（2）不断宣传校园篮球运动，让学生感受到篮球氛围，对学生的参与实践积极引导。学校对篮球知识讲座定期组织开展，主要是对篮球文化知识进行普及；在教学中采用小组讨论、合作探究等方式将学生学习篮球的热情激发出来；开展丰富的篮球活动，营造良好的校园篮球氛围，使学生有更多的机会接触这项运动。

3.教学维度的建设路径

学校要加强篮球教学体制改革，促进篮球课程体系的健全与完善，重视篮球训练，使篮球在校园体育文化中的地位不断提升。具体而言，教学维度的篮球文化构建策略如下。

（1）将篮球课程设置为必修体育课程，合理安排每周篮球课时。对"课内学习＋课外竞赛"的教学模式加以构建，课堂上主要学习篮球知识和技能，课外竞赛主要是将所学运用到实践中，提高运用能力与实战能力。

（2）对篮球教学的考核体制要适当淡化，不要一味传授篮球基本技术，还要重视对学生身心素质、战术配合能力的培养。单一的考核体制反映了校园篮球技术训练失衡的弊端。所以要注重过程评价，注重学生体育精神、意志品质的培养，让其对篮球运动的魅力有深入的体会，并产生更浓厚的兴趣。

（3）教师合理制订篮球教学与训练计划，在对学生的体能素质加以全面考虑的基础上对训练层次、负荷强度合理安排，以免过度训练带来运动伤害。在此过程中，要严格按照既定计划执行周训练、学期训练工作，确保学生篮球技战术能力的稳步提升。

(4)有效整合篮球训练与篮球比赛,篮球训练计划中要有训练与比赛有机结合的相关内容,组织学生参加校内外篮球比赛,以赛代练,让学生发现自身的不足,并在后续训练中有针对性地纠正,这样篮球教学和训练的效果与质量都会提升,也有助于对优秀篮球后备人才的培养。

在校园篮球文化建设方面,高校作为重要的科研阵地具有得天独厚的优势,当篮球技能的发展到达一定程度时,必然需要从理论方面来继续突破,高校要加强对校园篮球文化建设的深入研究,通过系统梳理、全面分析、高度总结等对校园篮球文化发展的新路径进行探索,为校园篮球文化建设提供理论支撑。

总之,学校要立足自身实际,整合优化资源,从思想上对校园篮球文化建设给予重视程度,从物质建设入手,扩大宣传和普及面,同时对教学体制加以完善,在篮球训练方面不断强化,只有如此,才能使校园篮球文化的传播力和渗透力更加强大,篮球文化建设的正面效能才能充分释放出来,校园文化和校园篮球文化的健康发展才能成为现实。

第五节　校园篮球的发展

一、校园篮球发展的动力机制

(一)校园篮球发展的动力机制模型构建

校园篮球运动的可持续发展需要有持续性的机能,而机能的正常运行又需要一定的动力机制来维系。要从篮球发展的一般规律来合理把控动力机制的适度性。动力有动力不足、动力过度和适度动力三种类型,它们的分界点就是"度",动力的适度是相对不足、过度而言的。如果事物发展缺少动力,则启动很难,量变短期内不会出现,质变更不可能发生,而且会制约前期发展,甚至出现停滞、倒退的局面。而如果动力过度,人们无法掌控,事物则会超前发展,与正常发展规律不符,造成事物震荡,和周边事物出现冲突,矛盾加剧,这就是物极必反。因此,在校园篮球发展方面,要合理调控动力机制,构建"个人—家庭—学校—社会"的动力模式。对校园篮球动力机制进行合理构建,有助于推动校园篮球的可持续发展。

校园篮球动力机制既是促进学生参与篮球运动的一种动力,又是使学生对自身健康加以维护和推动篮球发展的动力源头。通过构建科学合理的校园篮球动力机制,获得最佳发展理念。

动力机制包括动力结构、动力运作过程手段,动力结构包括外围结构(动力主体、动力传导媒介、动力受体)和内核结构(动力源、动力方向、动力存体和动力行动)两部分,动力运作过程手段包括五个环节,即动力源开发、动力转化、动力培育、动力分配、动力监控反馈。

校园篮球动力机制同样包含动力结构、动力运作过程手段。学生参与篮球运动是校园篮球动力机制发展的核心,其他因素以其他形式发挥辅助功能。从校园篮球动力机制的特殊性出发,不断修改与完善上述动力机制,可以构建出校园篮球发展的动力机制模型,如图 1-1 所示。

(二)校园篮球发展的动力系统

从上述校园篮球发展的动力机制模型来看,根据该机制的特点与包含的因素,可以发现其包含动力主体和动力传导两个结构,动力主体包含三个层面,分别是青少年学生个体、校园家庭和国家社会。动力传导主要有三个方面,分别是利益、文化及信息,通过建立符合青少年学生发展的正确利益导向来促进动力主体需要的满足;通过建立文化导向来对动力主体结构进行调整完善;通过建立信息导向来进行动力机制结构的信息传导。

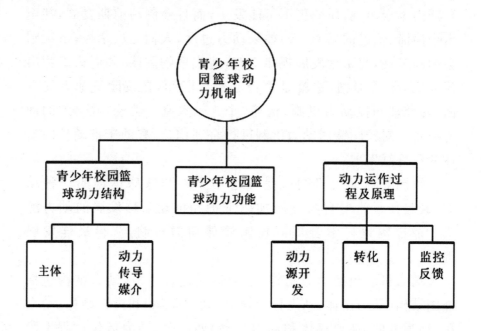

图 1-1①

校园篮球的动力机制功能主要指的是开发与提供校园篮球运动的动力发展,满足学生群体的需要。校园篮球的动力机制运行过程主要包含动力源开发、动力转化、监控评价机制。

(1)动力源头的根本是人的需要,因此开发动力源主要应满足三个层面主体,再者是青少年学生群体对校园篮球发展的动力满足情况。

(2)动力转化指的是将青少年学生关于篮球运动的所有潜在状况因素转化为现实状态。

(3)最后通过监控评价机制科学实施监控测评,调节反馈实际问题,有针对性地解决,从而建立与校园篮球运动发展规律相符的动力机制。

综合上述分析,校园篮球发展的动力系统如图 1-2 所示。

---

① 高治.我国青少年校园篮球运动发展的动力机制研究[D].武汉体育学院,2016.

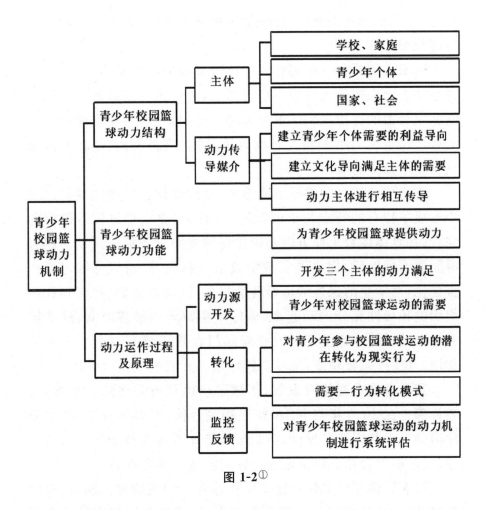

图 1-2①

二、校园篮球发展的科学策略

(一)落实国家政策,提供政策保障

国务院办公厅在 2016 年印发《关于强化学校体育促进学生身心健康全面发展的意见》(以下简称《意见》),《意见》)指出,要深化教学改革,强化体育课和课外锻炼。以培养学生兴趣、养成

---

① 高治.我国青少年校园篮球运动发展的动力机制研究[D].武汉体育学院,2016.

锻炼习惯、掌握运动技能、增强学生体质为主线,建立大中小学体育课程衔接体系。①

国家政府领导人也对青少年体育和健康高度重视与关心,体育运动造就人民健康体质和坚定意志,为国家的发展和中华民族旺盛生命力的保持提供了重要保障。所以,政府各级职能部门有必要严格落实与维护相关制度政策,建立监督机制,使相关政策在各个学校中有效落实。

作为校园体育的重要组成部分,校园篮球在长期的发展过程中形成了特有的特点与价值功能。《意见》要求推进体育课程的完善,在具体体育工作方面要衔接好课堂教学与课外活动。课程时间要有所保障,促进课堂教学效果不断提升,对课外练习要积极强化,对学生的课外锻炼要科学指导,同时将家庭、社区和社会组织的积极性充分调动起来,确保学生每天的锻炼时间,这能够有效推动校园体育的发展。政府部门在政策落实方面发挥主导作用,并发挥监督功能,是校园篮球运动开展的坚强后盾。

我国高度重视体育发展,篮球运动也是被关注的一个项目,教育部也在 2015 年与 NBA 开展相关合作,举办体育论坛,对篮球运动课程共同开发设计,定期培养篮球教师及校园优秀篮球人才,通过中美合作交流渠道提升校园篮球的教育水平。

政府管理部门要建立健全学校体育的相关管理体制,在校园篮球开展中,教育部门要起到主体作用,将主要工作责任承担起来,在校园中大力推广篮球运动,为相关制度、文件、竞赛体系的贯彻落实提供保证,同时体育部门也要积极配合与协助,发挥技术特长,提供资源经费,与体育部门共同推动校园篮球的发展。

另外,各地应根据实际情况成立校园篮球领导小组,该组织由分管教育和体育工作的政府部门的主管领导、教育部门和体育部门分管体育工作的主要领导构成,权责明晰,共同协作推动校

① 高治.我国青少年校园篮球运动发展的动力机制研究[D].武汉体育学院,2016.

园篮球的健康发展。

（二）改进篮球设施条件

在体育工作中，器材设施一直是最突出的问题之一，篮球运动的发展同样面临这一问题。目前我国城乡经济发展不平衡，所以城乡区域在体育器材设备上也有显著差异，进而造成了篮球教育训练机制的不规范与不完善。充足的硬件场地资源是校园篮球运动发展的前提条件与基础保障。场地器材不够对课堂教学、训练及课外活动造成直接影响，从而导致学生失去参与的兴趣。调查发现，很多学校的篮球场地资源都无法使学生活动的需求得到满足，农村中小学尤其如此。另外，篮架本身的高度也是学校篮球场地器材存在的一个重要问题，学校的篮球场地中大都配备标准篮架，中小学生因为身高、身体素质问题而很难进行有效的练习，也不容易感受到篮球运动的魅力所在，这会挫伤青少年的积极性。

为改善校园篮球运动场地器材的问题，需做好以下工作。

（1）提高社会的关注度，通过政府组织及社会企业的力量有效改善学校体育场地资源，学校加大物质建设投入，保证校园篮球教学、训练及学生课余活动的顺利进行。

（2）学校根据学生的具体情况对篮球场地器材设备进行改造创新，如因地因人采取不同高度的篮板，适应学生个体的需要，提高学生学习的兴趣。

（三）加强校园篮球文化宣传和建设

校园篮球文化建设不到位对校园篮球运动的发展造成了制约，使校园篮球的发展缺少动力，基于当前形势，在今后应加强对校园篮球文化的宣传，积极开展文化建设工作。

（1）在校园篮球物质文化建设中，不断完善基础篮球设施，满足学生的需要；建立富有特色的篮球课程，通过特色教学或训练提高学生的兴趣，使学生体验篮球的乐趣，从而主动参与篮球运动,树立良好的运动习惯。

（2）在校园篮球制度文化建设中,对于篮球相关的政策制度都要积极落实,通过规章制度对不健康的篮球行为进行有力约束,加强正确篮球舆论导向的建立。

（3）在校园篮球精神文化建设中,一方面积极开展校园篮球比赛,鼓励学生参与,使学生深刻体会篮球运动中蕴含的百折不挠、勇敢顽强的体育精神,培养学生的意志品质;另一方面通过篮球讲座或其他篮球活动加强文化宣传,合理构建积极而又健康快乐的校园篮球发展模式。

（四）建立"小学—中学—大学"三级篮球竞赛体系

各级学校要积极开展丰富多彩的课余体育活动,加强课余体育训练,挖掘有体育特长和潜力的体育人才,为其提供成才路径。同时不断健全与完善体育竞赛体系,对常态化的校园体育竞赛机制进行建立健全。篮球运动是集体项目,其在漫长的发展过程中形成了充满激烈竞争的竞赛模式。

我国校园篮球运动的竞赛体系目前并不完善。CUBA 发展至今,基本建立了"小学—中学—大学"一条龙训练体制,许多高校与一些体校、体育重点中学挂钩,高校负责解决组队、人员编制、训练经费、训练管理等问题。但因为竞技体育的主要管理部门是各省、市体育局,所以发展前景好的体育苗子大多进入专业队,高校招收的后备人才和专业队的相比还有一些差距,虽然大家接纳"小学—中学—大学"一条龙训练体制,并将其付诸实践,但现实中并没有充分体现和落实该机制的整体优势功能,学校与高层次专业队或职业比赛并没有顺利接轨。从竞赛体系来看,中小学的篮球竞赛模式几乎很少与其他学校相联系,只是进入高校才接触 CUBA、CUBS。所以在校园篮球发展中,要构建新的"小学—中学—大学"篮球竞赛体系,从而不断完善篮球优秀后备人才的培养与输送体制。

完善篮球竞赛体系要求目标明确、组织机构合理、规章制度健全。分析如下。

1.明确目标

明确目标能够为校园篮球的发展提供方向,具体以普及篮球知识和技能,突出教育特色,实现育人目的为目标。

2.组织机构设置合理

篮球竞赛体系构建中,组织机构的设置必须合理,这样才能更好地开展校园篮球竞赛的管理、评估等工作。

3.规章制度健全完善

健全的规章制度主要是指要完善篮球赛制,以便更好地管理三级校园竞赛。竞赛体制可以分区设置,按区域进行划分,每个区域比赛的前几名参加全国比赛。

健全规章制度还包括对竞赛资格制度、竞赛奖励制度的完善,学校严格审批参赛资格,参赛队员网上注册,学校要建立统一的运动员学籍、注册管理制度和公示制度,以防出现弄虚作假的比赛问题。

最后还要建立合理的评价制度,客观评价小学、中学以及大学的竞赛情况。评价结果与学校荣誉挂钩,使各级学校将校园篮球的发展重视起来。

(五)加强对学校篮球教练员的培养

优秀的篮球教师与篮球教练队伍是校园篮球发展的重要推动力量。当前,我国学校篮球教练员普遍存在文化知识水平较低、训练方法单一等问题,而且学校对篮球教师或教练员的培训不够重视,相关监督与评价机制也不够完善,很多任教的教师或教练员都缺少经验,这就制约了校园篮球的开展。加强对篮球教练员的培养,提升其综合业务水平,能够使其更好地发挥作用,全面培养优秀的青少年篮球后备人才,更好地发展校园篮球运动。

在校园篮球教练员的培养中,应从以下几方面着手。

(1)强化篮球教练员的综合知识能力,提高教练员的基本业务能力和职业专项能力。

(2)学校管理部门定期考核篮球教练员,严格监督与客观评价篮球教练员在该段时期的训练工作,可采用学生评教的方式进行评价,使篮球教练员作为校园篮球工作者,始终保持积极向上的状态,发挥自己的作用与价值,促进健康篮球发展模式的形成。另外,校园篮球教练员的选拔、队伍建设工作也非常重要,传统篮球教练员选拔制度有弊端,应加以改进,引进综合业务水平高的篮球教练员。

(3)实施"走出去"的培养计划,鼓励校园篮球教练员"走出去"接受专业培训,加强交流合作,接受先进的训练理念,学习现代化的训练方法,发现自己的问题,总结自己的工作情况,不断改进工作,完善自我。政府部门要做好对篮球教练员培训的组织工作,为校园篮球教练员的学习提供机会,让其在培训过程中学习更多的知识与技能,将学习所获用于校园篮球事业中。

(六)加强教育系统与体育系统融合

校园篮球的发展要坚持体教结合的原则,不断完善篮球训练和竞赛体系。学校应通过组建校园篮球运动队、校园篮球代表队、篮球俱乐部和篮球兴趣小组等形式积极开展篮球运动,为有这方面特长的学生提供成才路径,为国家培养优秀的篮球后备人才。体教融合也就是竞技体育和学校教育机制的结合。

现在,我国篮球人才匮乏、萎缩和篮球运动员文化水平低下有关,篮球运动员退役后也会因为文化水平低而面临就业难的问题,学校的篮球运动员因"学训问题"而无法将学习与训练兼顾。教练员对学生运动员的运动技能更为关注,不关心其文化知识的学习,再加上学生缺乏自律性,不主动弥补落下的文化课程,再加上课余时间都用来训练,所以文化成绩一再落后,这进一步加剧了学习和训练之间的矛盾与冲突。

我国早在 20 世纪 80 年代末就针对学训矛盾问题寻找对策，而且当时体育部门就开始与教育部门相互合作，出台一系列体育与教育相结合的政策，而且确实取得了一些成效。但随着时间的推移，这些政策并没能一直发挥作用，预期目标并未如偿所愿地实现，"学训矛盾"在学校运动队建设中不断加剧。在学习和训练之间，有关部门、学生运动员都倾向于后者。到了今天，"体教结合"模式越来越完善，但学生的体质水平不断下降。所以传统的"体教结合"被人质疑。为适应体育与教育的新发展，应不断完善传统的融合政策与模式，这也是当今体育事业发展的一个重要契机。在校园青少年篮球人才培养过程中，同样也应如此。为促进校园篮球的发展，促进"体教融合"模式的完善，需从以下几方面努力。

（1）转变"成绩第一"的传统发展理念。在举国体制下，我国竞技篮球运动迅速发展，但校园篮球相对发展滞后。"体教融合"模式主要是对青少年人才进行培养，因此要对学生的体质健康更加重视，不能一味只看重运动成绩。

（2）建立合理的政策导向，对学生的个体行为进行约束和规范。不要将"体教融合"只作为一个口号来看待，要切实做好实践工作，加强宣传，积极落实，教育管理者应从实际情况出发对相关体育工作体系进行构建，最终完善监督制度，保证各项政策的落实。

（3）倡导教育公平，对篮球资源合理分配。学校教育工作者为篮球学生运动员制订具有针对性和可操作性的培养计划，与普通学生的教育计划要有所区别，根据运动员的实际情况体现培养计划的特殊性，并严格履行计划，切实展开实际行动，提高运动员的综合素质。

（七）组织篮球明星进校园活动

"明星效应"是青少年学生关注篮球运动的一个重要因素，也是发展校园篮球的重要契机。我国有很多青少年篮球球迷，大部分青少年通过媒体来关注篮球赛事。在媒体环境下,"明星效应"使青少年更加关注与欣赏自己喜欢的篮球明星。通过"明星效应"可以激发青少年对篮球运动的兴趣,培养其参与动机、意识以及积极性,主动投入到篮球知识与技能的学习中。利用"明星效应"使学生从内心深处愿意向崇拜的篮球偶像学习,这样其学习效果会大大改善。因此,学校可以根据自身情况积极组织篮球明星进校园活动,具体从以下几方面落实。

(1)邀请篮球明星来学校,举办球星与学生见面会,使他们面对面进行交流,让学生深刻感受篮球运动的魅力与篮球明星的风采,对篮球运动的文化价值有更深入的体会,从而推动校园精神文化建设。篮球明星向校园篮球队员分享自己的职业经历,使学生运动员树立顽强拼搏的作风和坚持不懈的精神,获得强烈的内心感悟。

(2)学校组织学生学习篮球明星的精神,让学生全面深入地了解篮球明星,通过榜样的力量促进学生篮球方面的进步。

(八)引入社会资源,全面推动校园篮球发展

校园篮球发展中,经费不足是面临的首要问题,这对校园篮球教学、训练及其他活动的开展都造成了制约,学生参与篮球运动的积极性也因此而受到影响。因此要调整思路,积极引入社会资源,充分利用社会资源来推动校园篮球发展。

(1)学校主动寻求社会赞助,在社会企事业单位的赞助下举办篮球比赛。

(2)以企业公司的名义投资建设篮球运动学校,以优惠政策吸引青少年篮球爱好者,扩大参与篮球运动的青少年群体人数,增加篮球后备人才储备量。

第二章 我国校园篮球课程的开展情况与科学拓展

　　校园篮球课程是篮球知识与文化传承的载体,是实现学校体育教育目标的基本途径。我国青少年群体对于篮球的热爱程度在不断提升,篮球运动有助于提高学生的身体素质,培养其积极健康的思想与心态。当前我国在不断强化体育课程教学的改革,这对普及篮球教育具有重要的推动作用。但是因为受传统教学思想及其他因素的影响,以及学生在篮球方面的需求不断变化,导致篮球课程的开展与教学存在一些问题和不足。本章首先分析校园篮球课程开展的现状与问题,然后从现实出发探索改进策略,提出拓展路径,从而提高我国校园篮球课程的开展质量与教学水平。

第一节　我国校园篮球课程的开展现状调查分析

　　为了解我国校园篮球课程的开展情况,本节特以高校为例随机抽取 8 所普通高校进行调查,调查内容与结果分析如下。

一、篮球课程安排现状

　　走访调查发现,8 所高校都设置了篮球专业课程,但开设情况不同,只在大一两学期安排篮球课程的有 2 所,占 25%;只在大二上半学期开设篮球课程的有 1 所,占 12.5%。8 所院校全部开设了篮球选修课,这基本符合学生的个性需求。

篮球课程安排情况见表 2-1。

表 2-1　篮球课程开设情况①

开设情况	学校数量(所)	比例(%)
篮球专业课程	8	100
2 学期	2	25
3 学期	1	12.5
篮球选修课	8	100

在关于学生是否满意学校篮球课程安排的调查中了解到(调查对象为 114 名学生),不满意学校对篮球课程的安排的学生有51.75%,说不清的学生有 13.16%,满意的学生相对不满意的学生较少,如图 2-1 所示。

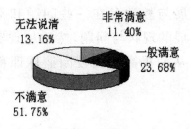

图 2-1②

进一步访谈发现,学生对学校安排的篮球课程不满意主要是因为他们认为篮球课时太少,无法满足自身的学习需求,他们对篮球的学习只能停留在基础阶段,少有机会进行深入的学习与进一步的提高,这会导致学生失去对这项运动的兴趣与学习积极性,制约高校篮球运动的发展。

---

① 张云龙.黑龙江省普通高校篮球教学现状调查研究[D].哈尔滨工业大学,2013.

② 张云龙.黑龙江省普通高校篮球教学现状调查研究[D].哈尔滨工业大学,2013.

高校安排的篮球课较少主要出于以下几方面的原因。

第一,高校的篮球场地、师资等资源有限,而且先满足体育院系的教学与训练需要,其他院系的学生无法长时间占有场地。

第二,高校没有充分认识到篮球运动对大学生全面发展的重要作用,因此从思想上不重视安排篮球课程。

第三,高校课程繁多,篮球课程被归为次要课程中,没有受到重视。

二、篮球课程教材选用现状

篮球课程教材是篮球教学内容的重要载体,在高校篮球课程教学中发挥重要的作用。一般来说,篮球教材有相应的配套教学大纲,在篮球教学过程中,篮球教材与教学大纲都是非常重要的指导文件。高校篮球课程的推广、教学质量等都会受到其所拥有的教材的影响。关于高校篮球课程教学中使用教材情况的调查结果见表2-2。

表2-2　篮球教材使用情况调查

教材使用情况	学校数(所)	比例(%)
高等教育统编教材	5	62.5
地方统编教材	3	37.5
学校自编教材	0	0

从表2-2来看,高校使用的篮球教材主要有高等教育统编教材和地方统编教材两种类型,选用第一种教材的高校居多。没有高校使用学校自编教材。高校不管使用何种教材,都有自己的理由。但本质上而言,与高等教育统编教材相比,地方统编教材更有针对性,它是基于地方高校篮球教学现状的基础上编制的,更符合教学实际。但这类教材也有局限性,如缺乏大局意识,内涵深刻性不够,而高等教育统编教材正好弥补了这些不足。

如果以理论的方式来考量高校对篮球教材的选用情况,毫无疑问高校篮球教材的使用不合理,与高校的具体情况不完全相符,而要想体现这种适应性,就必须使用充分融合高等教育统编教材、地方统编教材以及高校自编教材等各类教材优势的篮球教材,这种教材对高校顺利实施篮球教学、提高教学效果、满足学生学习的个性化需求等更有帮助。

三、篮球课程教学内容现状

高校开设的篮球课程主要有篮球基础理论课程、篮球实践课程两种类型,理论课程是篮球教学的基础,是实践课程的基础指导,通过理论课程教学,学生可以了解与掌握篮球运动的起源发展、特点、价值、规则等基础知识;而实践课程可以强化学生对篮球基础理论的认识,并用理论知识来指导实践,掌握篮球技战术,提高身体健康水平和运动能力。

(一)理论课程教学内容

大学生步入高校之前,大部分对篮球理论知识的学习不系统,掌握的知识不完整,有的只是出于兴趣爱好而自己了解了一些知识,但相对较为片面,为了丰富学生的篮球理论知识,完善其知识结构,有必要在高校开展篮球理论课程。

高校篮球理论课程教学内容的安排情况见表 2-3。

表 2-3　篮球理论课程教学内容安排情况　　　　单位:%

教学内容	学生选择比例
篮球发展历史	8.77
篮球规则	41.23
篮球技战术理论	37.72
篮球运动损伤预防理论	5.26
篮球锻炼理论	7.02
篮球保健理论	0

　　表2-3调查结果显示,分别有41.23％和37.72％的学生认为自己所在的学校在篮球基础理论课程中讲授了篮球规则理论和篮球技战术理论,选择篮球发展历史、篮球运动损伤理论、篮球锻炼理论以及篮球保健理论这些教学内容的学生较少,可见这些教学内容开展得不够普及。总体上,高校篮球基础理论课程教学以篮球规则、篮球技战术理论为主,其他理论内容的教学没有引起重视,只是少量穿插,效果不明显。

　　高校篮球基础理论课程教学内容单一的原因主要表现在以下几个方面。

　　第一,篮球教师的理论水平有限,他们擅长讲解和传授与篮球实践密切相关的篮球规则、技战术理论,但对其他理论知识的了解贫乏,水平有限。

　　第二,篮球基础理论课程的教学课时较少,所以教师只能有选择地挑主要理论内容来进行教学,主要传授篮球规则和技战术理论,为后面的实践教学做铺垫。

　　关于高校大学生对篮球理论课程教学内容的满意度调查结果见表2-4。

表2-4　学生对篮球理论知识教学的满意程度　　　　单位:％

满意度	比例
非常满意	25.44
一般满意	38.60
不满意	27.19
说不清	8.77

　　调查结果显示,25.44％的学生非常满意学校安排的篮球理论教学内容,38.60％的学生表示一般满意,总体满意度达64.04％,可见整体上学生比较满意篮球理论课程现状。这说明多数学生对篮球理论知识的需求集中在篮球规则、篮球技战术理论上。

　　不满意篮球理论教学内容的学生也有近30％,这个问题不可忽略。学生之所以不满意学校安排的篮球理论课程，主要出于以下几点原因。

（1）学生认为篮球理论教学内容单调枯燥，教学设备陈旧落后，不符合现代教育发展需要。

（2）学生希望多掌握一些篮球理论知识，以便未来好就业，但学校安排的理论课程少，所以不能满足要求。

（3）学生认为篮球理论与实践教学相脱节，理论学习并没有为实践学习提供指导与支撑。

（4）也有部分是因为对篮球理论课程不感兴趣，所以无论怎样都不满意。

关于学生对篮球理论知识需求的调查结果如表 2-5 所示。

表 2-5　学生对篮球理论知识的需求情况（多选）　单位：%

理论知识	比例
篮球历史	28.95
篮球规则	34.21
篮球技战术理论	63.16
篮球运动损伤预防理论	40.35
篮球锻炼理论	20.18
篮球保健理论	48.25

表 2-5 调查结果显示，大学生对篮球理论知识有多方面的需求，但仍以篮球技战术理论为主，此外，对运动损伤预防知识、保健知识等的需求也较大，这说明当代大学生更希望掌握多方面的篮球理论知识，提高自己的理论文化水平，丰富自己的知识结构。同时大学生对篮球理论知识的娱乐性和大众性也有一定的需求，希望在学习过程中获得娱乐休闲的感觉，并更好地为实践学习提供支撑。显然，篮球理论教学内容不能充分满足学生的全方位需求。

（二）实践课程教学内容

在篮球课程教学中，实践课程是必不可少的一环，在教学体系中占非常重要的地位,发挥举足轻重的作用,只有通过实践课程教学,学生才能更好地将篮球理论知识内化,在实践中加以运用。高校是否合理安排篮球实践课程教学,对高校篮球教学质量的高低有直接的影响。

对高校篮球实践课程教学内容现状的调查结果见表2-6。

表2-6　篮球实践课程教学内容情况　　　　单位:%

实践教学内容	比例
篮球技术训练	33.33
篮球战术训练	19.30
身体训练	7.02
裁判训练	5.26
篮球比赛	35.09

表2-6统计数据显示,篮球实践课程教学中,开展最多的内容是篮球比赛和篮球技术训练,选择这两个内容的学生分别占总数的35.09%和33.33%,而选择其他实践内容如篮球战术、身体训练、裁判训练的学生则较少,这说明高校篮球实践教学内容单一,虽然篮球比赛和技术训练十分重要,但不能代表篮球实践的全部,只开展这两项内容,难以提升篮球教学质量,而且也会影响学生体质健康和全面发展,无法实现体育教学目标。

学生对篮球实践教学内容的需求在不断变化,因此很多学生不满意这样的实践教学内容安排,见表2-7。

表2-7　学生对篮球实践教学内容的满意度调查　　　　单位:%

满意度	比例
非常满意	35
一般满意	40
不满意	25

学生不满意篮球实践课程教学现状的主要原因有以下几点。

（1）大部分学生认为在篮球实践教学中只进行技术训练，现代篮球的精髓便无法得到真正反映，而且学生学不到战术配合方法，这直接影响实践操作。

（2）一部分学生认为篮球实践教学方式单一，学生主体感受不被重视，训练方法重复不变，学生感觉枯燥乏味。

（3）篮球教师的教学水平得不到学生的认可。

四、篮球课程教学考核现状

篮球教学考核评价主要是评价学生的学习情况，也就是对学生掌握篮球知识和技能情况的考核，从调查统计结果来看（图2-2），高校在篮球课程考核中，将篮球动作技术、课堂出勤率、学生身体素质作为主要考核内容。

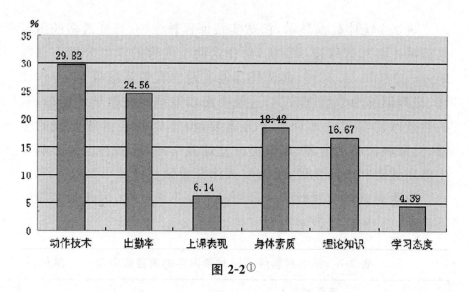

图 2-2①

调查结果反映出高校侧重于考核学生对于篮球课程的学习结果，而对学生的篮球学习过程、表现及进步情况不够关注，考核

---

① 张云龙.黑龙江省普通高校篮球教学现状调查研究［D］.哈尔滨工业大学,2013.

方式单一死板,无法矫正学生在学习过程中的问题,考核的作用得不到充分发挥,考核失去了真正的意义与价值。

关于学生对篮球教学考核评价的满意情况的调查见表 2-8,表示满意的学生占一半多,可见学生对体育考核评价的认识不够深入,受传统教学观念影响太深。对学校只看重结果而不关心过程的考核感到不满意的学生占 33.16%,他们认为篮球教学考核的指标太片面,学习的真实情况得不到准确反映;而且感觉考核存在机械化倾向,与学生的个性化特点与需求不符。

表 2-8 学生对篮球课程教学评价的满意度调查　　单位:%

满意度	比例
非常满意	36.34
满意	30.5
不满意	33.16

五、篮球教学师资现状

师资力量是衡量高校教学水平的一个重要指标,师资力量不雄厚,教学水平就难以提高。雄厚的篮球师资力量是提高篮球教学质量的重要保证,篮球教师队伍稳定、教学资源丰富的学校更能开展好校园篮球运动。

(一)篮球教师的基本情况

1.年龄与性别

高校篮球教学的对象是年轻的大学生,因此要合理配置篮球教师,这里的合理首先体现在年龄、性别结构上,只有教师年龄结构合理,性别比例适宜,才能从整体上提升篮球课程教学水平。

关于 8 所高等院校中篮球教师年龄结构现状的调查结果如图 2-3 所示。

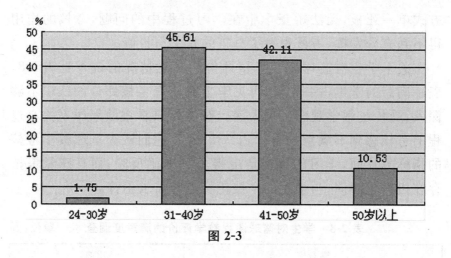

图 2-3

图 2-3 显示,高校篮球教师的年龄集中在 31～50 岁,45.61％的教师年龄在 31～40 岁,42.11％的篮球教师年龄在 41～50 岁,可见高校中年篮球教师占绝对的比例,相对缺少有活力的年轻教师和有经验的老教师。

关于篮球教师性别结构现状的调查结果如图 2-4 所示。高校篮球教师几乎都是男性,女教师只占 8％,男女教师之间的比例悬殊非常大。

图 2-4

篮球运动是充满激烈对抗性的高强度运动,与女性的身体、个性特征等不太吻合,从这一方面能够解释高校女性篮球教师少的原因。大部分高校在篮球教师的招聘环节就以男性教师为首选,但随着篮球运动在校园的日益普及,很多女学生也逐渐参与到这项运动中来,因此高校也要考虑对女性篮球教师的引进。

2. 学历与职称

关于高校篮球教师学历结构的调查结果如图 2-5 所示。

从图 2-5 来看,高校篮球教师的学历大多为本科,本科学历的教师将近一半。其次是硕士学历,占比超过 30％,专科学历的篮球教师占比在10％以上，博士学历的教师占比最少。博士科研能力较强，但高校缺少这样高学历的篮球教师，会影响高校篮球科研水平。

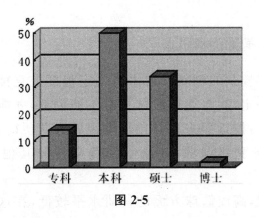

图 2-5

高校招收篮球教师，最低学历要求是本科，所以专科学历的篮球教师较少，教师学历集中在本科和硕士上。近年来，高校为提升体育教师队伍的整体水平，优化师资队伍建设，对篮球教师的最低学历要求提到硕士，所以硕士学历的篮球教师比例有所增加。学历高的教师相对而言拥有较高的理论水平和较强的科研能力，这是高校在引进人才时应重视的一点。

关于高校篮球教师职称结构的调查结果见表2-9。

表 2-9　篮球教师职称结构调查　　　　　　　单位：％

职称	比例
教授	16
副教授	22
讲师	54
助教	8

调查数据显示，高校篮球教师职称为讲师的超过一半，达54％，职称为副教授及以上的篮球教师占总数的38％，助教篮球教师占8％，占比最少。总体来看，高职称的篮球教师所占比例相

对较少。造成这个现状的原因一方面是大多数篮球教师 30 多岁，评定高职称有难度，不完全具备评职的资格条件。助教教师少，主要是因为高校缺少年轻篮球教师，篮球师资队伍的后备力量不足。

（二）篮球教师的科研水平

高校篮球教学的创新发展水平一定程度上直接由篮球教师的科研能力决定，高校篮球教学只有不断创新，才能提升到更高的层次，所以高校近年来相对比较重视教师队伍的科研水平，不断鼓励教师研究新课题，并给予经费支持和其他可观的待遇福利。

调查发现，高校篮球方面的科研水平较低，在这方面可以进行量化评价，即通过高校篮球教师发表的论文来判断，调查结果如图 2-6 所示。

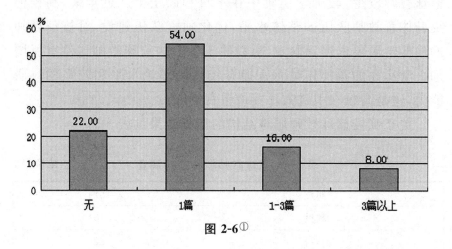

图 2-6[①]

图 2-6 是近两年内高校篮球教师发表论文的数据统计结果，22％的篮球教师近两年内没有发表过 1 篇论文，54％的篮球教师近两年内只发表了 1 篇论文，16％的篮球教师近两年内发表论文

① 张云龙.黑龙江省普通高校篮球教学现状调查研究[D].哈尔滨工业大学,2013.

数量为 1～3 篇,仅有 8％的篮球教师近两年内发表的论文超过 3 篇。进一步访谈发现,近两年只发表了 1 篇论文的篮球教师中,为了职称评定和获得相应待遇而被迫发表论文的超过 70％。

总之,高校篮球教师科研能力较弱,缺少直观的科研成果,主要原因如下。

第一,篮球教师缺乏专业的科研创新理念,大部分篮球教师认为将篮球理论知识与实践技能传授给学生才是篮球教学的关键,如果不为了评定职称,无须关注与致力于科研创新,大多数篮球教师投入科研工作是较为被动的。

第二,高校篮球教师自身储备与积累的知识较为有限,而科研工作对科研人员的知识积累、创新能力、思维能力等都有较高的要求,而且科研创新是经过长年累月的积累之后发现的闪光点,正因为科研创新具有这些特殊性,高校教师才将此看作是一种机遇和偶然现象,从而忽略了自身学习与积累知识的重要性。

第三,高校不够重视篮球教学的科研创新,大部分高校的管理层认为,篮球课程教学从属于体育专业,是一项以健身或运动为主的专业,在理论方面的创新范围非常有限,无须投入太多精力,而应在学校其他专业的创新上多加努力,这也给不愿意投入科研工作的篮球教师带来了借口,因此篮球教师从事科研工作的现状不理想。

第二节　改善校园篮球课程开展现状的策略

一、全面提高对篮球课程开展的认识

青少年学生对篮球课程具有较为浓厚的兴趣,主动参与这项运动的学生在不断增加,而且学生的需求也在不断变化,这就对校园篮球课程的开展提出了更高的期待,要求全面认识篮球课程开展的重要意义。

（1）开展校园篮球课程能够使学生养成参与体育锻炼的良好习惯，使学生在体验运动快乐的同时提高身心健康水平。

（2）校园篮球课程的开展能够促进篮球运动的发展，大批学生参与这项运动，能够带动更多的人参与到篮球运动中，带动全民健身及篮球事业的发展。

二、科学探索篮球课程建设

为了适应学校体育和社会的发展需求，学校应合理设置体育课程，采取以人为本的教学方式。在校园篮球课程开展中，要对教学目标、教学内容、教学方法合理设定，在篮球课程教学计划的实施上要对学生的健康水平、身体素质充分予以考虑，在教育教学中通过科学研究对课程的组织结构进行适当的调整，充分开发教学内容，合理设置教学目标和安排教学时数，提高篮球课程教学的科学化、实用化，进而提升学生的综合素质。

三、增加篮球场地器材的投入，促进硬件升级

调查发现，我国很多学校的篮球场地、器材在数量及质量上都无法使学生参与篮球活动的需要得到满足，这在很大程度上制约了校园篮球的健康发展。《学校体育工作条例》要求学校上级主管部门和学校有关部门按照相关规定对体育场地、器材和设备进行合理配置，学校要在体育教学计划中纳入采购体育器材、修建体育场地、完善体育设备等项目。此外，地方政府部门、教育行政主管部门也要加大对学校篮球硬件设施建设的投入力度，有效整合各方面的资源，优化学校的体育资源配置，为学生参与篮球活动提供良好的环境与条件。

学校作为篮球教学的平台，应充分发挥自身的作用，重视篮球教学工作，加强管理与服务，创造良好的条件来激励学生参与

篮球活动,同时利用学校办学的优势引进社会资源,保证学生需求的满足,激发更多学生参与篮球活动的热情与积极性。

四、丰富篮球课程教学手段

随着社会的进步和现代教育水平的不断提高,学校篮球教师应不断引进与创造新的教学方法与教学手段,不断完善自己的知识结构,与学校的人才培养方式和学生专业需要结合起来,促进篮球课程教学在培养人才方面作用的充分发挥,促进学生全面发展。

在校园篮球课程教学中,教师能否选好教学方法,直接影响学生的学习成果与素质发展。在篮球课程教学中,教师不仅要将丰富的篮球知识和篮球技能教授给学生,还要教学生学会在实际场景中充分运用所学知识与技能。在传统篮球课程中,教师采用的教学方法主要是讲解示范法、练习方法等,而比较新的教学方法如探究式教学、领会法教学、发现法教学等很少被运用到篮球课程教学中。学校体育教学在不断深入改革,相应地也要不断更新篮球教学方法,有效解决教学内容单一、教学方法陈旧、不符合学生需求、不适应社会发展现状的实际问题,如果一味按照传统模式来教学,学校篮球课程终将失去自己的生存空间。

篮球教师必须积极主动地引进与开发新的教学方式,促进校园篮球课程教学的合理性、应用性发展。将多元教学方法运用到篮球课堂上,更能有效激发学生的学习兴趣和参与的积极主动性,培养学生的素质和锻炼习惯,促进学生全面发展。

五、促进篮球课外活动的开展

篮球课程与篮球课外活动相辅相成,课外活动是篮球课堂教学的延伸,是篮球课堂的有益补充。篮球课程在一定程度上推动篮球活动的进行,丰富的课外篮球活动也培养了学生上篮球课的积极性。

篮球课外活动在增强学生身体素质、培养学生自觉自律意识、提升学生社交能力、调试学生心理水平、促进学生全面健康发展等方面发挥了非常重要的作用。在学校开展篮球课外活动,可以使学生个人的兴趣得到满足,激励学生主动参与课外活动,促进学生体育需求的满足,增进学生之间的友谊,提升学生的学习效果和终身体育意识的形成。

六、加强篮球师资队伍建设、重视科研

篮球师资队伍建设的好坏对篮球教学水平的高低有直接的影响。现代篮球教学要求专业教师具备全面、综合的能力。学校要重视对篮球师资队伍的科学建设,促进专业教师执教能力的提升和专业知识的拓展。在篮球师资队伍建设中,提升篮球教师队伍整体水平的关键是不断加强对篮球教师队伍的专业培训力度,使教师不断学习与进步,深入理解篮球课程,尊重学生的个体差异性,重视每位学生的发展,提高教师对现代教育技术与手段的学习和应用能力,最终促进教师综合素质和教学能力的提升。此外,还要引导篮球教师树立全面的人才观和以提升学生能力为主的教学观,对学生的全面发展给予关注,充分发挥篮球课程的育人功能。最后还要培养篮球教师的科研素养,使篮球教师在教学中不断总结反思,深入科研工作,提高篮球教学的科学化,探索篮球课程的构建模式,为推进篮球课程的改革与进一步完善而发挥自己的作用。

七、开展校际篮球比赛,形成特色校园篮球文化

举办校园篮球比赛对顺利开展篮球课堂教学、增强学生参与篮球活动的热情、激发学生学习的积极性、创建浓郁的篮球氛围等具有重要意义。

学校组建校篮球队,参加比赛对树立良好的社会形象具有重要意义。现在,校际间篮球交流较少,各校开展的篮球比赛也没有体现出本校的办学特色,这就制约了篮球比赛在学生群体中和社会上的影响力,因此需要加强校际间的篮球赛事交流,开发具有校园特色的篮球赛事,提高学生的团结协作意识、身心发展水平及技战术能力,让学生全面展示自己。

任何事物的发展态势与进度都会受到其所处环境的影响。要想将校园篮球文化的育人功能充分发挥出来,更好地为社会培养适应型人才,就必须营造和谐而又充满激情的校园篮球文化氛围,这包括硬环境和软环境两方面的建设。篮球运动的对抗性较强,通过比赛强调团队的协调配合,能有效增强学生的集体荣誉感、团队凝聚力、团结合作能力以及责任意识,促进校园文化健康和谐发展。

八、推进篮球课程评价的多元化

在校园篮球课程教学中,考核评价是一个非常重要的环节,其对学生学习行为所产生的导向作用不容忽视。课程评价能够有效检验课程目标的实现程度。总结性评价与量化考评的方法在篮球课程评价过程中运用较多。教师在评价中很少采用过程性评价方式对学生进行评价,学生的兴趣、态度、进步情况等指标未被纳入评价指标体系中。这样容易导致学生因得不到关注与鼓励而消极上课,削弱其参与篮球活动的热情。

通过调查校园篮球课程的评价方式后了解到,大部分教师虽然对新的教学评价标准比较了解,但很少将其真正运用到篮球教学考核中,因而影响了篮球课程教学评价的效果。篮球教师在教学考核中必须更新观念,并积极实践,以促进学生发展为评价标准,充分发挥篮球课程评价对学生的激励和引导作用,优化篮球课程内容建设。此外,通过多元化的篮球课程教学评价,还要对学生的综合素质与实践能力进行培养,促进其思考能力、独立学习能力、发现问题和解决问题的能力的提升。

第三节 校园篮球隐性课程开发

一、体育隐性课程概述

体育隐性课程指的是在学校范围内,以内隐的、间接的方式所呈现的,依据一定的教育目的和具体化的教学目标,经过规范设计的各个体育文化要素总和。①

体育隐性课程首先必须是一种隐性课程,应该表现出课程和隐性课程的共性,体育隐性课程的关键构成因素是显性课程之外的体育文化。体育隐性课程的呈现方式是内隐、间接的方式。体育课程是由体育显性课程和体育隐性课程共同构成的,只有二者相互作用、相辅相成,学校教育的目的和学校体育目标才能更好地实现。

作为一种特殊的课程形式,体育隐性课程既有正向效应,同时也有负向效应,因此必须严格筛选、控制及科学设计、开发体育隐性课程,将负向效应降到最低,最大限度地发挥其正向效应。

二、校园篮球隐性课程的开发原则

(一)选择性原则

学校应有选择地开发篮球隐性课程,贯彻选择性原则需做到以下几点。

第一,开发的篮球隐性课程要与教育哲学的标准相符,开发

---

① 徐姣.篮球隐性课程开发途径研究[D].内蒙古师范大学,2015.

课程中要着重加工那些积极正面的、能够实现"立德、树人"教育理想的环境因素。

第二,开发的隐性篮球课程要与学习理论相符,向学生传递间接经验是篮球课程的一个重要作用,学生经过内部加工这些间接经验,转化为自己的直接经验。在传递间接经验的这个过程中,要对学生的需求、爱好及兴趣予以考虑,要与学习者的内部条件达到最大的一致性。

第三,开发篮球隐性课程,要与教学理论的要求相符,要针对实际情况,从教师的修养水平出发进行有选择的开发。

(二)一体化原则

校园篮球课程开发的一体化原则具有以下几方面的含义。

1.课内文化与课外文化的一体化

学校文化是由校内外、课内外等场所的课内文化和课外文化共同组成的,一体化首先是指课内文化与课外文化的一体化。所以在篮球隐性课程开发中只有融合各方面要素,形成一体化教育文化域场,才有可能发挥教育合力。

2.篮球显性课程和隐性课程的一体化

虽然篮球显性课程和隐性课程在课程目标、课程内容、呈现方式和组织形式等方面都有差异性,但却是篮球课程的两个重要组成部分,缺一不可。篮球课程的育人目标的实现既需要发挥显性课程的作用,也需要发挥隐性课程的正面效应。因此,要想最大限度地发挥篮球课程的整体功能,在篮球显性课程的开发中要同时着手对篮球隐性课程的开发,将二者融合起来。

3.篮球隐性课程各个要素之间的一体化

篮球隐性课程丰富多样,主要有物质空间类、制度组织类、精神文化类三种类型。在篮球隐性课程建设中,这些都是重要要素,只有合理组织和精心安排这些因素,才能有机组合各个部分的功能,从而最大化地发挥总体功能。因此,在篮球隐性课程开发中,要坚持统筹兼顾,以防顾此失彼,使篮球隐性课程的应有价值得到最大限度的发挥。

(三)重点突破原则

在篮球隐性课程开发中,不仅要重视篮球隐性课程建设的一体性,还要打造适应周边环境的篮球隐性课程,并且要有重点地去开发和设计。社会环境瞬息万变,在篮球隐性课程建设中也要注意不断调整,明确薄弱环节,有针对性地开发课程与解决现实问题。

(四)科学人文性原则

学科中心论是随着科学至上的科学主义的产生而逐渐出现的,随着社会的不断发展,人们逐渐发现了科学主义的弊端,于是试图以人文主义为指导进行课程改革,这容易导致篮球课程改革从一个极端迈入另一个极端。事实上,科学和人文并非两个对立面,它们相互联系,相辅相成,人文要以科学为支撑,科学要以人文为指导。因此,开发篮球隐性课程,不仅要从生理、心理和社会规律规范出发,强调科学性,还要从学生的兴趣爱好和个性需求出发,体现人文性。

在一些学校的篮球课程教学中,教师将情感态度方面的目标融入其中,这就说明学校较为关注篮球隐性课程目标。但在篮球教学方法的选用上,依然以传统教学方法为主,如示范法、讲解法、练习法等,重点传授篮球技术和技能,教师只是偶尔使用现代教学方法,以培养学生的学习兴趣和创新能力。可见在教学方法上并没有体现出对隐性课程的重视,不关注学生的兴趣爱好和个性特征。

篮球隐性课程开发要强调人文性,这主要从情感态度和价值观上体现出来,因此学校要抓住主要着眼点,科学开发篮球隐性课程。

三、校园篮球隐性课程的开发路径

(一)篮球课堂教学内容

篮球显性课程包括篮球课堂教学中的教学内容,篮球隐性课程具有很强的依附能力,其以显性课程为载体,因此,开发篮球隐性课程,首先要从篮球课堂教学中的教学内容入手,这是非常重要的开发途径。从这一途径着手可以有效整合篮球隐性课程与篮球显性课程,发挥篮球课程的整体功能。要想利用好这一开发途径,就必须科学合理地选编现有篮球教材所规定的篮球教学内容,组合单个技术,串联篮球技术,在这个过程中,教师主要发挥引导作用,鼓励学生积极思考,主动试验,自主完成技术串联,并通过试验对各个篮球技术动作的运用技巧加以掌握,这其实就是学生自我探索和自我发现的过程,学生在这个过程中不仅能够学会篮球技术和技能,还会对篮球运动产生更浓厚的兴趣,形成浓厚的篮球情感。

(二)篮球教师的人格

乌申斯基说过:"教育工作中的一切都应该建立在教师人格的基础上,因为只有从教师人格这个活的泉眼中才能涌现出活的教育力量。无论规章制度和人为的机关设置得如何巧妙,都比不上教师人格的教育力量。"[①]作为一种特殊的教育途径,教师的人格具有较为特殊又极为重要的教育力量,篮球教师的人格以无形的影响在篮球教学的每个环节中不断渗透,对学生的影响也是无形的,这正是篮球隐性课程发生作用的机制,因此在篮球隐性课程开发中,要重视对教师人格这一特殊开发途径的运用。

---

① 　徐姣.篮球隐性课程开发途径研究[D].内蒙古师范大学,2015.

（三）课余篮球活动

作为学校篮球活动的重要组织形式,课余篮球活动不仅是篮球显性课程的延伸和补充,是学生巩固显性经验的场所,也是开发篮球隐性课程的重要途径,是学生获得潜在经验的重要场所。调查发现,学生参与课余篮球活动的期望不仅包括获得显性经验,如发展体能、获得篮球知识和巩固篮球技术,还有获得篮球隐性经验的期望,如放松身心、陶冶情操、提高协作意识、缓解压力、发展实践和创新能力以及展示自我等。而且学生对获得隐性经验的期望甚至比获得显性经验的期望还要强烈,可见课余篮球活动具有让学生获得隐性经验的重要功能,所以这也是开发篮球隐性课程的重要途径。

（四）篮球课堂气氛

营造活跃的篮球课堂气氛,要从以下几方面着手努力。

1.老师的领导方式

教师的领导方式应以积极型为主,如支持式,主要通过关心、帮助和鼓励学生,进行正面引导,使学生产生积极向上的情感体验,从而营造对学生学习有积极作用的良好的课堂气氛。

2.学生的主体性

篮球课程是为学生服务的,要让学生真正成为课堂的主人,鼓励学生对篮球知识和技能的主动探求,从而促进活泼宽松、健康和谐的课堂心理气氛的形成。

3.课堂场景

篮球课程教学是在一定的物质环境基础上进行的,物质环境会对篮球课堂心理气氛产生十分重要的影响。在篮球课堂上,如果场地布置、器材摆放等能够使学生有新鲜感,给学生带来整洁、舒适的感受,那么就容易形成积极的篮球课堂心理气氛,从而将学生的学习积极性充分调动起来。

4.教师的幽默感

教师对课堂气氛的积极影响主要来自教师恰当的幽默感,它通过语言和行为在篮球教学活动的各个环节中表现出来,能够调动学生的兴奋状态,激发学生的学习激情。

(五)篮球课堂管理

篮球课堂管理主要有奖励、惩罚两种形式,这些管理方式对学生的影响既有直接性,又有间接性。直接的影响主要表现为让学生明白对错,了解应该继续保持和发扬什么,应该避免和克服什么;间接的影响主要表现为对学生观念、情绪、需要、动机、兴趣、意志、性格、气质乃至人格等内在心理因素的影响。所以,教师在实施奖励和惩罚措施时,要全面考虑这些管理措施对学生造成的显性影响和隐性影响,不可偏颇。

(六)学校体育传媒

学校中有很多关于篮球运动的传播媒介,常见的有图书、报纸、电脑、广播、公告和墙报等。这些传播媒体具有方便、快捷等特点与优势,通过这些媒介,学生能够迅速获得潜在的篮球经验,得到潜在教育。体育传播媒体发达的学校基本上可以形成一定的隐性课程因素和篮球文化域场,使学生在这样的环境下受到良好的熏陶。

需要注意的是,体育传媒平台具有很强的开放性,具有积极和消极两面性。学生通过这些平台既能够掌握有益的经验,也可能接触不良信息,所以教师要引导学生对体育传媒的功能和价值形成辩证的认识,引导学生消化其中的有利信息,抵制不良信息的侵蚀,维护学生身心健康。

(七)学校体育风气

学校体育风气指的是学校为了实现学校体育目标,经过长期的努力,在体育活动方面形成并传播的具有普遍性、稳定性和独特性的思想行为作风。它主要包括体育的"传统风气"、学习锻炼风气、教书育人风气等。学校一旦形成良好的体育风气,就会无形中成为一种教育力量对学生产生潜移默化的影响。

第四节　校园篮球精品课程建设

一、校园篮球精品课程建设现状

现在,体育与教育事业的改革与发展在我国颇受关注,高等院校更是将大力发展体育教育作为重要工作。在高等教育的改革中,建设精品课程是一个非常重要的举措,该举措有效提高了高校教育质量,也对我国开放式教育的进程产生了重要的推动作用。篮球运动深受广大群众和学生群体喜爱和追捧,这项运动在高校体育课中开展较早,产生的影响也比较广泛,其开展程度和质量能够从一定程度上反映出高校体育教学和学生体育观念的先进性。但是体育精品课程建设与其他专业课的精品课程建设相比而言容易被忽视,篮球精品课程的建设同样也没能逃脱这一"命运",篮球精品课程建设整体上不容乐观,具体表现在以下几个方面。

(一)教学理念落后,教学内容陈旧

在我国传统体育教学观和教学理念的影响下,体育教学的开展仍然以实践和技术为核心,在教学中过分强调技术和技能,对学生个体间的差异和能力的可塑性没有充分考虑,一味追求运动成绩的教学观念对学生思维拓展和个性发展造成了严重的限制,也忽视了学生的主体地位和对学生兴趣的培养。此外,教育工作者对于运动科研理论和体育素质教育在引导和促进竞技体育发展方面的作用没有充分认识到,所以师生只重视既有知识的教学,对体育科技和教学发展的前沿技术理论基本都不关心。

长期形成的教学习惯和固化模式导致教学内容、教学手段单一且模式化,缺乏必要的创新,因此对教学主体与教学对象的沟通交流、共同进步造成了严重的限制,也影响了教师参与教学研究改革的积极主动性,所以教学教材、教学大纲等得不到及时的更新和有效的完善,教师在新教材编写中也缺乏将积累的教学思考融入其中的动力。

高速发展的体育社会观要求体育教学改革传统落后的教育观念,树立新的教学观,但以上因素制约了新观念的形成,从而使体育教育落后于社会对现代化人才更新的需求速度。

(二)缺少政策扶持,课程推广力度有限

建设校园篮球精品课程涉及很多方面的工作,需要一系列相关政策的支持与保障,但当前我国很多高校都不够重视开发体育类精品课程,而在主干专业课上集中了大量的优质资源。体育类精品课程的立项数目与其他精品课程相比非常少,且立项经费支持和拨付工作不到位,教师努力开展精品课程建设,但得不到相应的奖励,对教师开发课程的积极性造成了制约。

虽然经过多年的网络平台建设,一些高校的精品课程已初具规模和构架,但依附于网络平台的体育类精品课程还没有达到很高程度的共享,一方面是因为体育类精品课程数量少,另一方面是学校相关部门和体育教师全力对网站进行建设,而将推广传播工作忽视了,很多精品课程的知名度和影响力只是局限在本院校内部,其他同类型学校的师生对外校精品课程的立项和建设情况并不了解,这在一定程度上造成了资源投入的浪费。

（三）教学队伍水平偏低，师资力量薄弱

在任何课程的教学实践中，教师既是实施者，又是必不可少的中心环节，高素质和高水准的教师对课程开展的质量和水平有直接的推动作用。在传统教学观念的影响下，体育教师重实践、轻理论，以体育技能为核心展开教学，忽视了素质教育和学生的全面发展，而且体育教师普遍缺乏在职进修的热情和专业规划。体育类精品课程的教师团队明显缺少高学历人才，轻视青年教师进阶，这对体育精品课程建设进程造成了制约，而且这些瓶颈和限制是很难在短时间内取得突破的。

（四）教学条件相对落后

体育教学需要一定的实践场所，这方面的建设又需要投入大量的资源。在国家多年来的大力扶持下，校内外实践性教学场馆的建设已取得良好的成效，但目前还存在场馆修缮维护力度较弱、针对特殊项目的场馆建设缺乏专业性等问题，这直接影响了体育教学工作的开展。而精品课程的开放性、共享性特点又对网络平台建设提出了较高的要求。

精品课程网络平台是资源共享、学生自主学习和师生互动交流的重要平台，其重要性与课堂教育是同等的。高校在建设精品课程以来，对网络平台的建设工作越来越重视，也取得了较好的成绩，但依然存在很多问题，具体从以下几方面体现出来。

第一，在网络平台建设中没有明确的要求与统一的标准，各校网络平台素质参差不齐、网站频繁卡顿等现象对学生的使用感受和学习效果造成了严重的影响。

第二，网络平台的持续升级和维护工作不到位，上传相应课件和学习资料的速度滞后于纸质更新，不利于学生及时掌握一手资料和获取一手信息。

第三，教学资源制作质量良莠不齐，体育类精品课程的实践性要求较高，学生在自我学习时希望可以直观地观看视频教学

片,以便学习模仿动作,但有些课件或教学视频质量不高,学生学习不顺利,自然也影响了学习体验和学习效果,而且精品课程资源共享的应用效率也降低了。

二、校园篮球精品课程建设的对策

(一)优化教学模式,丰富教学内容

篮球作为体育教学的主要内容,具有很强的实践性,在篮球教学中,重点应放在直观的现场教学示范上,但同时也应将现代化教学手段积极引入课堂,发挥辅助作用,强化教学效果,避免教学模式单一给学生带来的乏味感和枯燥感。应用现代化教学手段可采用很多形式,如通过录像设备对优秀运动员的运动轨迹进行记录,然后给学生展示慢动作,展示的同时,教师对动作要点进行剖析,提醒有哪些需要注意的事项。电影制作中经常会用到动作捕捉技术,若在比对教学中应用该技术,对教师和学生的动作轨迹分别记录,可以准确发现学生的错误动作,有助于学生深入理解正确动作和清晰模拟运动轨迹,这样个性化的教学过程可表现出学生的个性特征,进而可以根据不同学生的特征对特殊教学和学习模式进行针对性的构建,激发学生的学习热情。教师应坚持对更多更新的教学模式和方法进行探索。

有些教师在长期的教学实践中总结出了先进的教学方法,也在校级教科研活动中取得了很好的成效,如篮球老师自创的传球时使用的"三人交叉训练技术"已在实践中被证明确实有很好的教学效果,在今后的教研中应重视研发和扩展这类教学手段,并将其反馈在网络共享平台上和新教材中,从而促进篮球精品课程资源的传播与推广,实现资源共享。

(二)加强政策扶持,改善教学条件

建设精品课程需要有物质保障和政策条件保障,适宜的教学

环境是教学实践的基础条件和教育素质的重要组成部分,是促进学生积极响应教师教学的必要条件。篮球是竞技体育课程,实践性很强,开展篮球课程教学需要有良好的场馆设施,篮球精品课程的开展和实施更需要有规范的篮球场所作保障,学校应做好场馆维护和保养工作,不断添加专业设施,以更好地实施篮球精品课程教学。

政策的支持和导向也是篮球精品课程发展与进步的保障,精品课程建设的良性发展离不开立项时的合理组织、课程建设中的监督检查、经费投入以及对专职教师的鼓励。高校应加强对相应组织机构和制度的建立健全,从精品课程建设的前期准备开始一直到建设结束都尽可能在网络平台上实现共享,充分发挥精品课程这一优质资源的作用。

(三)提高教师素质,加强师资队伍建设

篮球精品课程建设质量的高低直接由教师素质的高低决定,只有优秀的篮球教师队伍才能建设出一流的篮球精品课程,这就对篮球教师尤其是课程负责人的师德师风、知识结构、教学水平、科研素养等提出了较高的要求。对年轻教师来说,建设精品课程是锻炼其教学能力和素质的好机会。在篮球精品课程建设过程中,加强师资队伍建设,提高教师素质需做好以下工作。

(1)积极培养现有专职体育教师,优化教师的学历和职称结构,鼓励教师考取专业资格证书,为教师提供参加学术交流和培训的机会,使教师学习与引进新的教学模式和方法。

(2)组织观摩优秀的篮球比赛实况,加强对篮球技巧的直观认识和前沿竞技水平的感受。

(3)要求课题组内的高级别的篮球教师应积极地带教年轻的教师,传承宝贵教学经验,帮助年轻教师尽快提升教学水平,加速课程建设。

(4)鼓励教师进行双师素质的培养和进修,积极"走出去"参与校外企业或其他单位的篮球活动实践,拓宽视野,丰富经验,提

升自身专业素养,同时对篮球运动的社会需求和前沿动态进行体验和总结,总结群众对篮球运动的关注要点,在教学当中更好地反馈,为篮球事业的发展做出贡献。

鼓励教师多开展学生比赛,在积极争取名次和荣誉的同时,在实战中总结和改善教学方法与模式,有利于提升自身的教学素质。

(四)规范从严治学,严格教学制度

严格遵守教学制度是保障教学活动顺利进行的根本,要在精品课程建设中顺利开展教学实践工作,就必须遵守相关教学制度,如集体备课制度、教师教学技术比赛制度、学术讨论和讲座制度等,这些都有利于促进与推动篮球精品课程的顺利建设。课题组对篮球教学技术和科研动态集体探讨,思想和观点上的摩擦和碰撞有利于产生优秀的正确结论,充分发挥每个人在精品课程建设中的作用,推广有价值的教学经验和可靠的教学方法。

(五)立足科学研究,勇于挑战难题

科学研究是推动教学实践工作开展与发展的有力工具,体育类科研工作的难度较高,同时发展空间和前景也很广阔。因此高校应组织和鼓励青年教师对体育教学科研类项目的积极申报,使年轻教师在科研过程中锻炼自己总结教学理论和改进教学实践的能力,快速成长为具有丰富经验的高层次教师,而科研成果又能为教师的教学实践提供重要的科学指导,促进教学效果的提高与教学水平的提升。

篮球技术科研具有很强的专业性,而且涉及的交叉学科多,知识范围广,要求研究人员从提高竞技技能、减少运动损伤两个方向努力,这意味着研究人员不仅要具有专业的篮球知识,还要对运动人体医学方面的内容有所熟悉,并且善于把握二者的结合点。而对于研究人员的高要求又使篮球精品课程建设的空间和思路得到了拓展,有利于取得杰出成果,目前只有少数关于该方向的研究,今后应将其作为主要研究课题,从而在建设篮球精品课程的同时取得丰硕的科研成果。

第三章　校园篮球课程教学理论体系的构建研究

校园篮球课程教学的实施需要在科学理论的指导下完成,只有坚持科学理论的正确指导,才能更有组织、有计划、有目的地开展实践教学工作,提高篮球教学的科学性,提升教学效率和效果。此外,将教学理论运用到实践指导中,还可以检验理论,发现不足,并不断加以完善。本章主要就校园篮球课程教学理论体系的构建展开研究,主要内容包括校园篮球课程的教学理念、教学目标与原则、教学步骤与常规方法、教学考核与评价以及校园篮球课程教学与学生终身体育意识的培养。

第一节　校园篮球课程教学理念

一、知识的建构性教学理念

教学最直接的任务是让学生领会所教的知识,在传统的篮球教学中,强调知识自外而内的外砾过程,学生对知识的掌握是主要目的,也就是让学生从不知到知、从知之较少到知之较多。学生外在的活动与变化是教学中重点关注的地方,即主要观察学生是否集中注意力、记忆是否牢固、动作是否准确。现代教学则更强调对学生内在变化的关注,即看学生的认知结构是否合理、学习结构是否形成。学生在自身已有经验背景的基础上,逐渐建构起认知结构,学生在主动选择与加工外部信息的基础上逐渐形成学习结构。

知识的建构性理念要求教师集中精力探索学生的知识结构,指导学生对知识内在联系的认知,指导学生不断优化与完善自己的学习策略,让学生对特定的学习过程加以探索并有所掌握,从而掌握符合自身实际的独特的学习方法。

二、知识教育与情感教育并举的教学理念

在篮球教学中,师生之间存在着知识信息的流动,知识流动的速度、质量和互动的状态对教学质量有直接的影响,师生之间相互调节,树立平等合作的关系,可以优化教学过程与教学质量。教育的基点是尊重与爱护,篮球教学如果以平等为基础,以关爱为纽带,教师积极帮助和引导学生的学习,学生主动配合教师的教学,师生共同完成教学任务,结果可以取得事倍功半的效果。

三、学习情境教学理念

(一)平等与互动学习情境

合作性的学习情境要求教师与学生之间、学生与学生之间建立平等的教学关系,相互之间多联系、交流,良好互动,积极影响他人,在这一情境中,篮球教学过程也是有关篮球信息的互动过程,在这一过程中,师生之间的相处模式开始由单向式或双向式转化为多边式,成员之间要互通信息,且都处在平等的地位,这对于良好学习氛围的营造是有利的。

(二)个体性学习情境

传统体育教学以群体教学为主要组织形式,个体学习往往得

不到重视。个体性学习情境的学习活动是以个体为主的学习方式。这种学习方式要求每个学生都要明确自己的学习目标,都要为自己找准参照物,也就是将比自己更优秀的的同学作为目标,暗下决心要超越他。这对于学生学习主观能动性的发挥具有重要的意义,但也容易使学生之间因为竞争激烈而相互保守和封闭,缺乏交流,影响同学之间的友谊。这会违背篮球运动的精神,所以采用个体性学习情境要注意发挥该情境的优势,避免其不足,简言之,就是要坚持扬长避短的原则。

四、互动性教学理念

教学的互动性指的是教师与学生之间的互动。篮球教学就是教师与学生共同参与的一个有目的、有组织、有计划的互动活动。传统教学观认为,教学单单就是教师给学生传授知识,而学生只是被动接受教师发出的信息。所以,传统教学关注的是教师的主导性,而非学生的主体性,对学生的关注也仅仅停留在学生是否掌握了知识,即学生的知识接受过程。现代教学观认为,教学中存在很多不同的互动形式,教师与学生之间可以互动、学生与学生之间也可以互动,而且互动不仅表现在语言与行为上,还表现在情感上。

互动性教学理念要求在篮球教学中,教师要充分认识教学中互动的存在及其重要性,并在教学中确立互动理念,主动设计多样化的互动组织形式,使学生在互动中充分发挥自己的主动性、自觉性和创造性,从而丰富学生的知识、培养学生的能力和素质。

总之,随着社会的不断发展,教学改革成为社会发展的必然要求,篮球教学要顺应社会发展和教育发展的需要,顺应改革趋势,就必须进行改革,改革的首要任务是改革教育理念和教学思想,树立现代教学理念,实施素质教育,关注学生的发展,营造良好的学习情境,提高篮球教学质量。

第二节 校园篮球课程教学目标与原则

一、校园篮球课程教学目标

(一)校园篮球课程教学目标的多元化

1.校园篮球课程教学目标的多重性

校园篮球课程教学目标的多重性主要从以下几方面体现出来。

(1)促进学生参与能力的提高

在校园篮球课上,教师详细讲解课程内容,对学生参与篮球学习的兴趣与进行篮球锻炼的习惯进行培养。

(2)对学生的肢体能力进行训练

拥有良好的肢体协调能力、平衡力和灵活性是学好篮球的基础条件。因此在篮球教学中,教师要重视对学生这些能力的培养,使学生达到相应要求。

(3)促使学生掌握篮球技能

在篮球课堂教学中,教师传授篮球知识、技巧与动作方法,使学生对篮球理论有所掌握,促进学生篮球技术能力、战术配合能力及参赛能力的提高。

(4)对学生的耐性进行培养

持久的耐力、坚韧不拔的毅力和团结协作的能力是学生学好篮球需要具备的基本心理品质,因此在篮球教学中教师要采取有效方法对学生的这些品质进行培养。

(5)对学生的适应能力进行培养

在篮球教学中要对学生的应变能力进行培养,使其能够从容面对并有效解决问题。

2.校园篮球课程教学目标的统一性

校园篮球课程教学目标的统一性主要体现在以下几方面。

（1）技能与健康的协调

只有先让学生对体育锻炼感兴趣，调动其参与的积极性，才能使学生在主动参与中强健体魄。因此在篮球教学中，要重视对学生学习兴趣和热情的培养，具体可从对学生篮球技能的培养着手，从热身开始，逐渐过渡到实训，再组织友谊赛，使学生在实践中灵活应用篮球技能，带动学习热情，形成正确的健康观与锻炼的好习惯。

（2）课程教育与终身目标的统一

培养学生的篮球技能和良好的篮球锻炼习惯是篮球课程教学的主要目标。学生在篮球学习过程中能够对篮球运动的乐趣有切身的体会，提高参与篮球锻炼的积极性，从而为终身体育意识的形成与能力的提高打好基础。

（3）素质目标和考核目标的统一

考核是实现教学目标的一个重要催化剂。如果没有考核这个环节，学生对学习的重视程度就会降低，学习中也会表现出随意性。为避免发生这个现象，应加强对篮球课程教学考核制度的制定与实施，贯彻奖罚分明的考核原则。篮球课程教学的素质目标主要是指培养学生的综合素质，促进学生全面发展，对此，应立足学生身心特征与学习规律，加强技能培训，对学生的身体素质、团队合作精神、运动能力进行培养，以期达到提高学生综合素质的教学目标。

3.校园篮球课程教学目标的差异性

《体育与健康课程标准》要求在体育教学中将"健康第一"作为教学指导思想，在教学中充分落实这一思想，对学生的体育锻炼习惯进行培养，促进学生身心素质、社会适应能力及其他方面素质的增强，达到全面发展的目的。可见，实施篮球课程教学的最终目标不是让学生掌握篮球知识、技能与技巧，它只是达到"全面提升综合素质"这一最终目标的一个必不可少的过程和途径。因此，在篮球课程教学过程中，要弄清主要目标和次要目标的差距，并在实践中有侧重地安排教学工作。

（二）实现校园篮球课程教学目标的措施

为实现多元化的篮球课程教学目标，需在篮球教学中做好以下工作。

1.加强篮球设施建设

要在各级学校进一步推广篮球运动，广泛开设篮球课程，就要从多方面出发对学生在参与篮球运动过程中遇到的问题加以有效的解决。其中校园篮球设施建设是需要解决的首要问题。

在校园篮球设施建设中，学校应开辟多条渠道来筹集资金，在篮球设施的建设与开发中合理利用资金，做好场地设施的规划与配置工作，避免资金浪费。在篮球场地建设或篮球器材购置的过程中，要对多方面的问题进行全面综合的考虑，如选址的合理性、建筑结构的安全性及回收可利用性等。对分拨到场地设施建中的资金要合理配置，在急需建设的设施中优先投入资金。对新的设施进行开发建设后，对原来的设施资源要予以充分利用，缓解校园篮球设施紧缺的现象，避免资源闲置而造成浪费。

2.优化篮球教学方法

在篮球课程教学过程中，教师对学生的自主学习及创新的意识与能力要多加关注，要及时更新教育理念，改革教育模式，使学生的不同需求得到更加全面的满足。在篮球教学过程中，要重视学生的主体地位，鼓励学生积极发挥自己的主体作用，让学生自主参与到课堂教学活动中，将其学习的主动性充分调动起来。在篮球教学中要应用创新性的教学模式和现代化的教学手段，如多媒体器材等,这样课堂教学会更有趣,学生也能更加透彻地理解所学知识,而且这也为教师授课提供了方便。篮球教师在教学中要多将一些新的教学方法引入课堂,使学生充分融入课堂教学,调动学生的积极性,激发学生的兴趣,从而提高学习效率。此外,在篮球课堂上,教师要适当调控语言,吸引学生注意力,调动学生的情绪,让学生产生共鸣。篮球教学中还有很多可取的教学方法,如在技能教学中,教师讲解示范后要尽可能留出时间让学生自主学习,教师可以将学生分成不同的小组,让学生在练习中积极思考,小组成员之间相互交流、帮助,教师给予正确的引导,让学生在轻松愉悦的氛围中实现身心放松、拓宽知识层面和提高思维能力的目标。

二、校园篮球课程教学原则

(一)对抗性原则

篮球运动具有对抗性和开放性特点,因此实战能力也是篮球教学的一个重要内容。在篮球运动中,进攻与防守的对抗贯穿始终,攻守对抗和攻守转化构成了篮球运动的核心。在教学中贯彻对抗性原则是很重要的,没有攻守对抗就没有激烈的竞争场面,攻守对抗的发展是推动篮球运动向快速、激烈方向发展的主要动力。没有攻守的直接对抗和相互制约,也就没有篮球运动。

(二)实效性原则

在篮球教学中,教师要从实际出发,贯彻实效性原则。在认真分析学生的具体情况后,要正确把握住教学过程中的主要矛盾和其影响的范围,对于教学中的重点和难点,教师及时找到合理的教学方法和解决手段。同时,教师还应该提升自己教学的艺术性,采用简单实用、能够取得实际教学效果的方法,使学生能够在有限的教学时间内,提高自己学习篮球运动技能的效率和成果。

（三）训练与实战相结合原则

由于篮球是一项具有较强对抗性的运动项目,因此,在教学过程中,一定要认真贯彻训练与实战相结合的原则。教师应该将学生的实战对抗能力放在一个较为重要的地位上。从认知策略上来说,为了符合开放性运动技能教学的规律,教师必须将技术动作的学习与实战运用相结合来发展。在篮球运动的学习过程中,学生首先建立起的是篮球技能对抗的概念和技术实效的概念,并不是仅仅将技术视为固定程序的身体操作。从某种意义上来说,从实战中学和在适应中学是篮球技能形成与发展的普遍规律。因此,必须把技术动作的学习与实战运用能力的培养结合起来。

第三节　校园篮球课程教学步骤与常规方法

一、校园篮球课程教学步骤

（一）技术教学的步骤

（1）掌握技术动作方法,建立正确动力定型和初步的对抗意识。

（2）学会组合技术,掌握初步运用能力,建立对抗概念。

（3）在攻守对抗情况下提高技术运用能力。

（二）战术教学的步骤

（1）建立战术概念,掌握战术方法。

（2）掌握攻守转换和战术综合运用能力。

（3）在比赛中运用战术，提高应变能力。

二、校园篮球课程教学常规方法

（一）讲解法

在篮球运动教学中，教师运用简练准确的语言来对篮球技术动作的方法和要领、战术配合的方法和要求及运用过程中的注意事项等进行解说与分析，使学生通过"听"来感知将要学习的内容。实践中讲解要与示范相互配合，讲解的内容要与学生的理解能力与知识基础相适应，要在恰当的时机讲解恰当的内容，要突出所教内容的重点，使学生有侧重地进行学习。

（二）演示法

在篮球教学中，教师要适时地示范技术动作和战术配合方法，运用幻灯、投影、挂图和录像等电化媒体手段，使学生直观感知篮球教学内容。示范过程中要进行适当的讲解，确保学生既能看得清，又能听得清。

（三）练习法

在讲解与示范的基础上，组织学生进行身体练习是掌握篮球技能的最重要的方法。根据练习的形式可分为分解练习、完整练习、简单条件下的练习和复杂条件下的练习；根据篮球运动特点可分为个人技术练习、配合性练习和对抗性练习；等等。运用练习的方法要讲求实效，对练习的强度、密度和运动量要合理安排，使学生承受适宜的运动生理负荷。

（四）纠正错误法

学生在篮球技战术的练习中，会因为各种不同的原因而出现错误动作，对此，教师必须及时采取相应的措施予以纠正，这就是纠正错误的教学方法。在篮球教学实践中,教师要对学生进行错误纠正,首先要找到学生出现错误的原因,然后有针对性地指出,帮助其分析原因,然后引导学生改正。篮球教学中经常采用的纠正错误方法有诱导法和条件限制法。

上述所分析的篮球常规教学方法是一个统一的体系,在具体的教学过程中对这些方法要相互配合使用,单一地使用某种方法不能实现教学的整体功能。其整个方法体系构成的常规教学模式如图 3-1 所示。

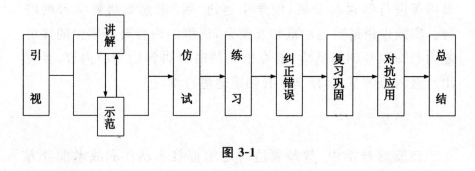

图 3-1

第四节　校园篮球课程教学考核与评价

一、校园篮球课程教学考评的内容

(一)篮球教学目标的评定

评定篮球教学目标主要是评定学生教学目标达成情况。这主要包括以下两个部分。

第一,评定学生在教学过程中对阶段目标完成情况。

第二,评定学生在教学结束后对教学任务的完成情况。

（二）技战术评价

通过评定学生的篮球技术、战术表现，可以对其学习和掌握技战术的情况加以了解，从而为评估篮球教学情况提供参考。一般可运用技术达标和技术评定来完成技战术的评价。

（三）整体教学质量的评价

篮球教学质量的评价内容与指标包括教学内容、教学方法、教学态度和教学效果四个方面，见表 3-1。

表 3-1　篮球教学质量评价指标体系

第一层次	第二层次	第三层次
教学质量	教学内容	完成教学大纲要求
		处理教材深度的适合性
		课程进度和学习负担的合理性
		理论联系实际
	教学方法	思路清晰，概念准确，重点突出
		示范动作形象生动，语言精练
		注意启发，促进思维，培养能力
		指导学习方法，注意改进教学
	教学态度	备课充分，讲解熟练
		辅导耐心，批改作业认真
		严格要求，教书育人
		勇于创新，不断改进
	教学效果	考试成绩
		课堂纪律
		平时作业与测试
		学生分析问题、解决问题的能力

二、校园篮球课程教学考评的方法

(一)理论知识评价

1.笔试

(1)闭卷考试

主要对学生掌握记忆性篮球知识的程度进行考核,适用于低年级学生。

(2)开卷考试

主要对学生运用知识分析和解决问题的能力进行考核,适用于高年级学生。

2.口试

通过口试能够对学生掌握篮球理论知识的深度和广度以及学生解决问题及语言表达的能力进行了解。

3.课外作业

布置课外作业,主要是为了对学生理解理论知识的深度,以及学生在实践中运用知识的能力进行考察。课外作业有利于考核学生的综合能力。

篮球运动理论试题题型及试题内容参考表 3-2。

表 3-2 篮球运动理论试题题型及试题内容　　　　单位:%

内容＼题型	填空	鉴别	选择	概念	绘图	计算	论述	合计
篮球运动概述	3	3	2	2	0	0	0	10
篮球技术	6	5	6	5	0	0	2	24
篮球战术	2	4	4	4	4	0	2	20

续表

内容＼题型	填空	鉴别	选择	概念	绘图	计算	论述	合计
技、战术教学	2	3	2	3	3	0	1	14
规则与裁判法	5	5	5	4	2	0	1	22
竞赛组织、编排	2	2	1	2	1	2	0	10
合计	20	22	20	20	10	2	6	100

(二)技战术评价

1.定量指标测量

可以用具体度量单位衡量的指标就是定量指标。篮球教学考核中,命中次数、跑动速度和跳起高度等都属于这类指标。在篮球教学评价中采用定量指标,必须先以一定的样本为依据将测量方法和评价标准制定出来,使测量方法与学生的总体水平相适应。

2.定性指标测量

无法用具体度量单位衡量但必须测量的指标就是定性指标。从篮球技能教学的特点来看,定性指标是篮球技术动作的规范程度指标,要以预先确定的技术规格为依据来赋值,测量过程中,主试教师要以学生完成技术的实际情况为依据来进行客观的打分和评价。

在篮球教学评价的具体实施过程中,现场观察与指数评价法是普遍采用的方法。通过观察、统计,获取受试学生的材料与数据,综合分析这些材料和数据,并运用指数指标进行客观评价(表3-3)。

表3-3　篮球技术水平统计分析

评分项目 (各项满分10分)＼受试学生	李××	王××	赵××	孙××	备注
技术全面性	8	9	5	5	

续表

受试学生 评分项目 （各项满分10分）	李××	王××	赵××	孙××	备注
技术熟练性	8	9	6	4	
技术对抗性	8	8	4	3	
技术应变性	7	8	5	5	
总计	31	34	20	17	

三、高校篮球教学考核示例

（一）专项身体素质考评

1.力量和爆发力测试与评价

（1）立定跳远

①测试目的

对学生下肢力量和爆发力素质进行了解。

②测试方法

受测学生双脚左右分开同肩宽，注意不要让脚尖踩线。起跳时四肢同时向后用力蹬，双臂摆动配合下肢。落地时上体保持向前。对起跳线到学生脚跟的距离进行测量。

③评分标准

立定跳远评分标准见表3-4。

表3-4　立定跳远评分标准　　　　单位：米

分数	男生	女生
100	2.65	2.06
95	2.60	2.02

续表

分数	男生	女生
90	2.55	1.98
85	2.50	1.94
80	2.45	1.90
75	2.40	1.85
70	2.35	1.80
65	2.30	1.75
60	2.25	1.70
55	2.20	1.65
50	2.16	1.60
45	2.12	1.55
40	2.08	1.50
35	2.04	1.45
30	2.00	1.40

(2)仰卧起坐

①测试目的

对大学生的腹肌力量和耐力进行了解。

②测试方法

受试学生仰卧,两腿稍分开,90°屈膝,双手在脑后交叉抱头。同伴压住受试学生的两侧踝关节,受试学生仰卧时,肩胛与垫子接触,起坐时两肘关节与双膝碰触或超过肘关节,正确完成仰卧和起坐的动作计一次。教师记录受试学生1分钟内完成的次数。

③评分标准

女生仰卧起坐的评分标准见表3-5。

表 3-5　女生仰卧起坐评分标准　　　　单位：次/分

分数	仰卧起坐
100	50
95	48
90	46
85	44
80	42
75	40
70	38
65	36
60	34
55	32
50	30
45	28
40	26
35	24
30	22

2.耐力素质测试与评价

(1)2 000 米(男)/1 600 米(女)跑

①测试目的

对男女学生的有氧耐力素质进行了解。

②测试方法

在 400 米田径场上测试,男生跑 5 圈,女生跑 4 圈。受试学生在测试前做好准备活动,提高生理机能的适应性,避免在测试中供氧不足。

③评分标准

2 000 米(男)/1 600 米(女)跑的评分标准见表3-6。

表3-6 2 000米(男)/1 600米(女)跑评分标准 单位:分、秒

分数	男生	女生
	2 000米跑	1 600米跑
100	8′00″	7′30″
95	8′15″	7′45″
90	8′30″	8′00″
85	8′45″	8′15″
80	9′00″	8′30″
75	9′15″	8′45″
70	9′30″	9′00″
65	9′45″	9′15″
60	10′00″	9′30″
55	10′15″	9′45″
50	10′30″	10′00″
45	10′45″	10′15″
40	11′00″	10′30″
35	11′15″	10′45″
30	11′30″	11′00″

(2)12分钟跑

①测试目的

了解学生的心肺耐力。

②测试方法

在篮球场上放若干标杆筒(图3-2)。受试学生做好准备,接收信号后,快速跑动,途中有需要可暂停或步行。跑完一圈,教师报一次数,12分钟后测试停止,教师记录受试学生此时所到的最近标杆筒,并计算最后一圈距离,计算结果与先前总圈数的86倍相加,就是受试学生12分钟跑的成绩,记录最后的成绩。

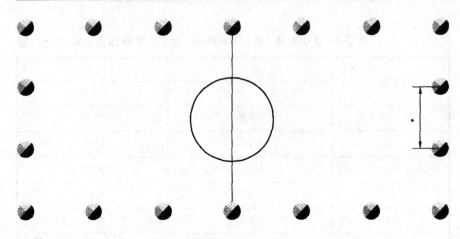

标杆筒　·每2个标杆筒之间约相隔5米

图 3-2

③评分标准

12 分钟跑的评分标准见表 3-7。

表 3-7　12 分钟跑评分标准　　　　　　　　　　单位：米

分数	男生	女生
100	3 000	2 500
95	2 950	2 450
90	2 900	2 400
85	2 850	2 350
80	2 800	2 300
75	2 700	2 200
70	2 600	2 100
65	2 500	2 000
60	2 400	1 900
55	2 300	1 800
50	2 200	1 700
45	2 100	1 600
40	2 000	1 500
35	1 900	1 400
30	1 800	1 300

3.速度素质和灵敏性测试与评价

(1)1分钟原地跳绳

①测试目的

了解学生身体协调能力和速度耐力素质。

②测试方法

受测学生两手抓跳绳两端,起跳后绳子环绕身体一圈计一次,教师对受试学生1分钟跳绳的次数进行统计。

③评分标准

1分钟原地跳绳的评分标准见表3-8。

表3-8 1分钟原地跳绳评分标准　　　　单位:次

分数	男生	女生
100	200	200
95	190	190
90	180	180
85	170	170
80	160	160
75	150	150
70	140	140
65	130	130
60	120	120
55	110	110
50	100	100
45	90	90
40	80	80
35	70	70
30	60	60

（2）5.8 米×6 次往返跑

①测试目的

了解大学生的起动速度和急停速度素质。

②测试方法

受测学生站在端线后,接收信号后快速起动跑到罚球线后（不要踩线）,然后折返跑,跑到端线后再折返跑。共跑 3 个来回,5 次急停,教师对受试学生三个来回往返跑的总时间进行统计。

③评分标准

5.8 米×6 次往返跑的评分标准见表 3-9。

表 3-9　5.8 米×6 次往返跑评分标准　　　单位:秒

分数	男	女
100	9″6	10″4
95	9″8	10″6
90	10″0	10″8
85	10″2	11″0
80	10″4	11″2
75	10″6	11″4
70	10″8	11″6
65	11″0	11″8
60	11″2	12″0
55	11″4	12″2
50	11″6	12″4
45	11″8	12″6
40	12″0	12″8
35	12″2	13″0
30	12″4	13″2

（二）篮球初级水平考评

下面以篮球基本技术中初级投篮技术测评为例进行分析。

1.连续 10 次罚球

(1)测试方法

受试学生站在罚球线处,按篮球规则连续罚球 10 次,同学递球以助考,教师统计罚中个数。

(2)评分标准

连续 10 次罚球的评分标准见表 3-10。

表 3-10　连续 10 次罚球评分标准　　　　　　单位:个

分数	男生罚球罚中	女生罚球罚中
100	7	6
95		
90	6	5
85		
80	5	4
75		
70	4	3
65		
60	3	2
55		
50	2	1
45		
40	1	
35		
30		

2.篮下连续投篮

(1)测试方法

受试学生在篮下任意位置连续投篮,自己捡球,教师统计受试学生 30 秒内的投中个数。

（2）评分标准

篮下连续投篮的评分标准见表 3-11。

表 3-11 篮下连续投篮评分标准 单位：个

分数	男生篮下投中	女生篮下投中
100	15	12
95		
90	14	11
85		
80	13	10
75		9
70	12	8
65	11	7
60	10	6
55	9	5
50	8	4
45	7	3
40	6	2
35	5	1
30	4	

（三）篮球中级水平考评

以中级投篮技术测评进行分析，如全场曲线运球传切上篮测试如下。

1.测试方法

受试学生持球站在端线后（图 3-3），接收信号后开始运球，教师同时开始计时，受试学生运球到中线与中圈交叉处的标志杆前，然后体前变向换手运球，并给位于罚球线沿线的同伴传球，同伴接球回传，受试学生立即侧身插上接球，然后行进间上篮，若未投中,继续投篮,直到投中;投中后运球回端线,继续运球投篮。往返 3 个来回,投中第 6 个球后测试结束,计时停止。

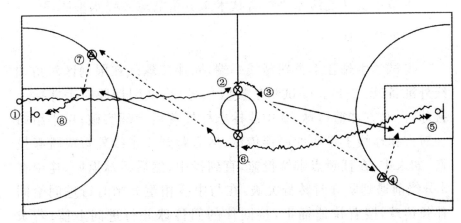

图 3-3

注:①大学生持球站在端线处准备;②在中圈处变向运球;③行进间传球;④在圈内的同伴接球后回传;⑤大学生接回传球行进间上篮;⑥将球运到中线,变向运球后,行进间传球;⑦同伴接球后回传;⑧行进间上篮。

2.评分标准

全场曲线运球传切上篮达标评分标准参考表 3-12。

表 3-12　全场曲线运球传切上篮达标评分标准　　单位:秒

分数	男生	女生
70	40	60
65	43	63
60	46	66
55	49	69
50	52	72
45	55	76
40	58	80
35	62	84
30	66	88
25	70	92
20	74	93

(四)篮球高级水平考评

本节主要从高级水平综合技术来分析篮球高级水平测评。

1.测试方法

受试学生站在本方罚球线一端,同伴持球站在限制区对角端线外准备(图3-4)。受试学生接收信号后,试图摆脱对手并插上接球;向对方球篮运球,在中线标志杆处背后运球突破;单手给站在对方罚球线上策应的同伴传球;然后跑到5米线外策应跳起投篮;如未中,在任意点继续投篮,直到投中;然后运球返回,途中在3分线前遇到防守时转身突破,在与中线相距3米时行进间给同伴长传球,接着快速插上,接同伴的回传球并行进间上篮;若未中,继续投篮,直到投中。然后向对方球篮运球,重复进行。男生3个来回,投6个球;女生两个来回,投4个球,教师负责计时。

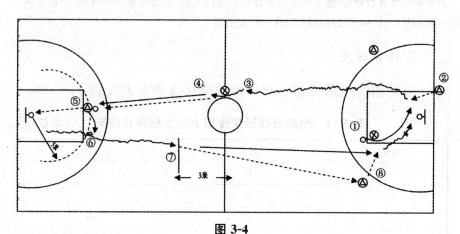

图3-4

2.评分标准

高级水平综合测试达标标准参考表3-13。

表3-13　高级水平综合技术测试达标标准　　　单位:秒

分数	男生	女生
70	55	75
65	59	79

续表

分数	男生	女生
60	63	83
55	67	87
50	71	91
45	75	96
40	80	102
35	85	107
30	90	112
25	95	117
20	100	122

第五节　校园篮球课程教学与学生终身体育意识的培养

终身体育指的是人的一生都要接受体育教育和进行体育锻炼。终身体育体系如图 3-5 所示。

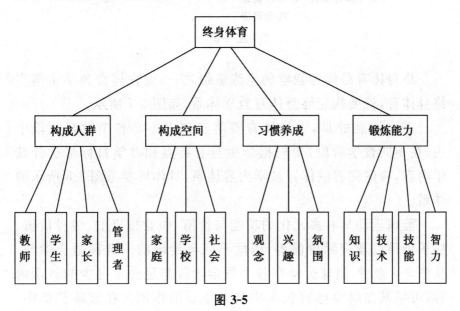

图 3-5

终身体育包括体育锻炼和体育教育,体育锻炼就是参与各种各样的体育活动,在不同年龄段根据自己的兴趣爱好、需求和实际条件选择相应的体育项目来参与其中。终身体育教育包含的内容非常丰富,如图 3-6 所示。

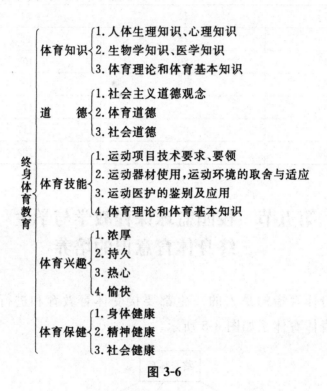

图 3-6

终身体育是体育教学的主流思想之一,要在体育教学中落实终身体育,就要构建终身体育教学体系,如图 3-7 所示。

需要注意的是,终身体育要落实到中小学各个教育阶段中去,在不同教学阶段,要根据学生身心特点和教学目标来选择教学内容,构建完善的体育教学内容体系,具体可参考图 3-8 所示的体系。

篮球运动具有多元化的功能与价值,如竞技价值、健身价值、娱乐价值以及交际价值等,因此不同年龄段的人群都适合参与。从图 3-6 来看,篮球运动在各个教学阶段都是必不可少的教学内容,可见其在终身体育教学中具有重要的作用。在篮球教学中,教师要将终身体育思想灌输给学生,对终身体育的价值进行广泛宣传,在篮球知识与技能教学中培养学生的终身体育意识,使学生养成终身体育锻炼的好习惯。

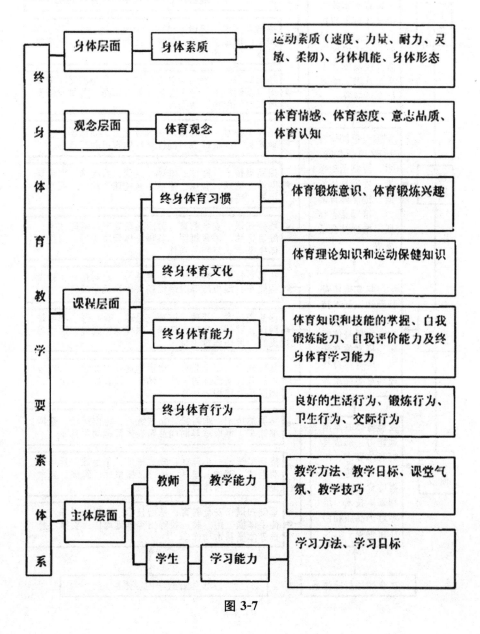

图 3-7

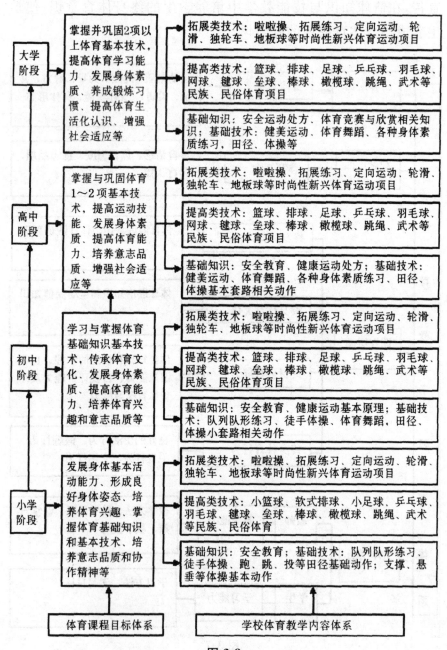

图 3-8

一、篮球作为学生从事终身体育锻炼的项目优势

(一)促进学生身心健康发展

将终身体育作为体育教学主导思想,就要在教学中对学生终身参与体育活动的能力和习惯进行培养。体育教学要与终身体育教育融合起来,青少年正处于身心发展的关键阶段,青少年学生学习知识,增长技能与智慧,都要建立在身体健康和良好心理素质的基础上。在篮球学习中,移动、跑、跳、转身、急停急起等是学生必须要完成的基本身体动作,在对抗中学生还要承受一定的心理考验,如经受挫折、遭遇失败等,这有助于促进学生体质健康水平的提高和内心的强大。经常参与篮球运动,能够培养良好的锻炼习惯,促进运动素质的发展,从而为终身体育锻炼提供良好的身体条件。

(二)具有健身性和休闲娱乐性

篮球运动深受人们的喜爱,职业篮球具有较强的竞技性和观赏性,大众篮球具有鲜明的健身性与娱乐性,学生从事篮球运动主要是被篮球的健身娱乐性所吸引的。参与篮球运动的以男生居多,他们经过不断的练习,对篮球运球、传球、投篮等基本技术及掩护、传切、突分等基本战术配合熟练掌握。经过中学阶段的学习,学生积累了良好的篮球基础,再加上大学阶段较高水平的篮球教育,许多学生都能在没有专门指导的情况下独立参与课内外篮球活动。随着学生篮球水平的提高,他们也会积极参与一些篮球比赛,具有竞争性与刺激性的比赛能够使学生更深刻地体会到篮球运动的魅力,参与各种形式的篮球活动能够使学生放松身心,缓解压力,并有效锻炼身体,增强心理素质。

(三)培养学生的集体主义精神和个人能力

篮球是集体性运动项目,只有集体相互配合,才有取胜的可

能。这就要求队员之间相互鼓励,相互信任,相互帮助,但个人特长与优势的发挥也很关键,有时候个人的"绝杀技能"往往能成为扭转战局的关键。因此说,篮球运动对学生的个人能力和集体主义意识、协调配合能力等都有一定的要求,只有将个人能力和集体的力量都充分发挥出来,才能获得良好的比赛成绩。这也是篮球运动所具有的独特魅力,这对学生尤其是男生具有很强的吸引力,学生参与其中能够享受乐趣。青少年学生正处于树立终身体育思想,为养成终身体育习惯打基础的重要阶段,在篮球教学中,教师的一言一行都会对学生终身体育意识与能力的培养产生影响。

(四)提升学生的社会适应能力

篮球运动具有群众性、社会性特征,包括青少年学生在内的不同年龄阶段的群体都适合参与这项运动。集健身性、娱乐性、竞争性和交际性等多种特性于一体的篮球项目符合学生好动、争胜心强的个性品质,学生长期参与篮球活动,不仅有益于促进身体健康,还有益于使心智健全,提高人际交往能力和解决困难的能力。此外,参与篮球运动可以对学生未来发展,应对社会挑战也有重要意义。

二、校园篮球课程教学中培养学生终身体育意识的策略与建议

(一)调动学生学习篮球的兴趣

在现代篮球课程教学过程中,教师应充分了解学生的个性特点和个体差异,在此基础上进行针对性教学,培养学生的篮球学习兴趣,使其主动接受篮球教育。在篮球学习中,学生只有产生了兴趣,才能在兴趣的引领下产生学习动机,进而在动机的驱动下积极主动地投入到学习和相关活动中。激发学生的兴趣和心

理需求也是培养学生终身体育意识的第一步,兴趣、愿望是形成终身参与篮球活动的心理内驱力的重要基础。

(二)为学生长期参与篮球活动打好基础

兴趣引导是学生形成终身体育锻炼意识的基础,而良好的技能是学生形成终身体育锻炼能力的重要支撑,因此在篮球教学中要重视对学生篮球技战术的培养。如果学生没有掌握基本的篮球技战术,他们在篮球锻炼及比赛活动中会频频受挫,长期如此,便会逐渐失去继续参与的兴趣与信心。

学校阶段是系统培养学生篮球技能的重要阶段,篮球教师应重视篮球技能教学,重点培养学生的篮球技战术能力,尤其要重点辅导篮球基础较差的学生,对他们的篮球兴趣和特长进行有计划的培养,为他们终身参与篮球锻炼打好基础。

(三)围绕终身体育设置篮球教学内容

在篮球课程教学中,要在终身体育思想的指导下设置篮球课堂教学内容,具有较强锻炼价值和实用性的内容是首选,要有机结合理论教学与实践教学,让学生在掌握与理解理论知识的基础上学习篮球技战术。篮球教师所选的教学内容要能吸引学生的兴趣,满足学生的需求,这样学生才会积极参与,教学效果才会提高。篮球教师还应在对学生的身心发展特点、个性特征加以综合考虑的基础上选择健身功能与娱乐功能突出且强度和难度适中的教学内容,使学生对篮球主要技战术加以系统而全面的掌握,为将来更好地参与篮球锻炼奠定身体基础与运动能力基础。

(四)为学生提供展示机会,使其获得成功体验

在篮球教学中,教师可采用多条途径对学生的终身体育意识进行培养,其中有一条非常重要的路径就是为学生提供展示的机会,让学生将自己所学的篮球技能充分展示出来,并体验成功和胜利的喜悦。将这个方法灵活运用到课堂上,可有效促进学生学

习热情的增加。例如,在篮球课上,教师让扎实掌握了篮球技能的学生为其他学生做示范,肯定学生的良好表现,给予适当的奖励,促进学生自信性的提升和荣誉感的增强;让学习刻苦的学生将自己的技能当众展示出来,并表扬其坚持不懈的精神,促进学生成就感的增强。另外,可以在篮球课上开展教学比赛,使学生将所学技能充分发挥出来,体验激烈的竞争和成功的喜悦。

（五）实施篮球教学改革与创新

篮球课程教学的改革必须围绕学生而进行,要针对学生的个性需求和学习规律来改革当前教学中不合理的地方,采用丰富而创新的教学方法与手段,促进课堂教学效果和质量的提高。传统的篮球课堂教学模式主要是由"讲解、示范、练习"构成的三步走式,在终身体育思想的指导下要改革这一传统教学模式,在原有模式的基础上加以创新,丰富篮球教学模式体系,将情境式、探究式、启发式、合作式等多种创新性教学模式和多媒体等创新教学手段应用到篮球课堂教学中,激发学生学习的兴趣与与积极性。此外,还要完善篮球考核体系,让学生的日常篮球学习和锻炼与考核成绩直接挂钩,以考促学,调动学生参与的动机与积极性,使学生尽快形成终身体育锻炼意识。

第四章 创新教育背景下校园篮球课程教学方法的改革及应用

教学方法是篮球课程教学的重要组成部分之一,只有采用正确的教学方法,才能保证篮球课程教学的顺利进行,提高课堂教学质量和效率,并使"健康第一"和"终身体育"的指导思想真正得到落实。随着体育教学改革的不断深入,体育教学实践中相继出现了许多新的教学方法,如自主学习法、探究学习法、合作学习法等。但由于认识上的不足,新体育教学方法在体育项目的具体教学中并未得到有效的实施,这在很大程度上制约了篮球课程的教学效果。在创新教育背景下,如何创造新的体育教学方法,并充分运用与有效实施这些教学方法,是体育教育工作者需要认真思考的重要问题。本章主要研究创新教育背景下校园篮球课程教学方法的改革及应用,包括校园篮球课程教学方法的现状与改革思路;微课教学法、体验式学习法、学导式教学方法在篮球教学中的应用以及篮球课程教学方法的组合应用。

第一节 校园篮球课程教学方法的现状与改革思路

一、校园篮球课程教学方法的现状

（一）没有突出篮球运动的特征

体育教学方法丰富多样,具有多元功能与价值的体育教学方法在不同体育项目的教学中都有重要的借鉴意义,在篮球教学中恰当应用体育教学方法同样可取得良好的教学效果。常见的篮球教学方法如图 4-1 和图 4-2 所示。

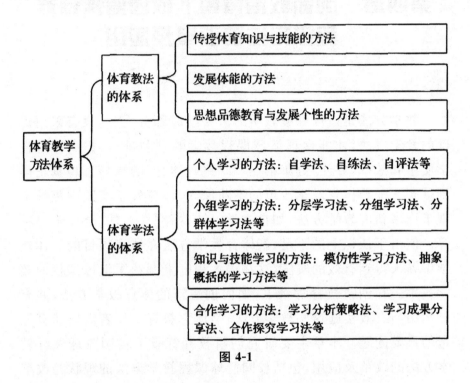

图 4-1

但在当前的篮球课程教学中,对体育教学方法的应用比较盲目,没有结合篮球运动的特征进行严格筛选和针对性教学,从而影响了篮球教学目标的实现。

(二)学生的主动性不强

现阶段的篮球课程教学中,往往是教师讲解和示范,学生听讲和观察,显得十分被动,这种教学方法过于死板和形式化,对教学效果不利。而且,现在班级学生较多,每个学生都有自己的特长和不足,学生个体差异较大,表现在篮球基础、身体素质、学习需求等多个方面,每节课的教学时间有限,教师不可能将每个学生都照顾到,而且在课堂教学结束时也不可能让所有学生都成功掌握本节课所教的内容,长此以往,会影响基础较差的学生的学习信心，基础较好的学生也会因为更高层次的需求得不到满足而失去对篮球课的兴趣，这都对篮球教学不利。

体育教学方法体系
- 体育健康知识和运动技术理论教学方法体系：讲解法、谈话法、问答法、讨论法、比较法、归纳法等
- 运动技术教学方法体系
  - 泛化阶段教学法：情境质疑法、启发法、发现法、直观法、示范法、多媒体法、模拟法、辅助练习法、暗示法、比较法、分解法、预防错误动作法
  - 提高阶段教学法：纠正错误法、部分完整练习法等
  - 技能巩固阶段教学法：重复练习法、变换条件法、完整练习法、自练法、过渡练习法、强化法、比赛法、循环练习法等
- 发展学生体能方法体系：负重法、持续法、间歇法、游戏法、综合法、比赛法
- 激励与评价运动参与方法体系
  - 激励法
    - 兴趣激励法：成功教学法、愉快教学法、需要满足法、教学引趣法等
    - 动机激励法：目标设置法、创新情境法、积极反馈法、归因教育法、价值寻求法等
  - 教育法：说服法、鼓励法、榜样法、评比法、表扬法、批评法等
  - 评价法：积极评价法、鼓励评价法、对比评价法、信息反馈法、自我评价法等
- 发展学生心理方法体系（包括社会适应能力）：个别与集体指导法、个性培养法、自学法、自练法、差别教学法、分组轮换法、合作学习法、分层教学法等

图 4-2

（三）过分重视技术教学，对学生的身心发展不够关注

让人的身体、知识、道德和艺术等各方面都得到发展，促进个人与社会的和谐发展，这是教育的主要目的。但从当前学校篮球教学来看，主要是教篮球技术，篮球考核也主要是技能考核，篮球课堂教学和评价都很少关注学生的身心发展。

指导学校篮球教学实践的理论基础一直以来都是"体质加技能",篮球教学的中心环节是传授基本技术、培养运动素质以及提高竞技水平,而校园篮球教学的娱乐性和普及性特征、篮球的教育价值没有得到重视,对学生身心发展的需求也没有给予足够的关注。而作为集体项目的篮球运动充满较为激烈的对抗,只有团队中的成员相互配合才能获胜,而篮球运动的这个特点在篮球教学中也没有做一定的强调,从而导致学生对篮球技术无法真正理解。

(四)教学方法单一,学生缺乏独立思考的能力

在校园篮球课程教学中,篮球单个技术的传授占了篮球课堂的大部分时间,最终的教学结果是学生生硬地掌握了篮球基本技术,却没有建立篮球整体意识。在校园篮球教学中,教师习惯采用单一、陈旧的常规教学方法,对直观性教学原则、循序渐进教学原则和巩固性教学原则片面进行强调,学生在课堂中的学习处于被动、消极的状态。经过一段时间的学习,对于教师的单一教学模式,学生已习惯甚至麻木,于是学习的积极性就会减弱,再加上教师与学生之间的沟通与交流较少,导致学生没有浓厚的兴趣和较高的热情参与到学习中。随着素质教育的普及与深化及创新教育理念的传播,篮球课堂中教学方法的单一性受到了质疑,急需改革。

二、校园篮球课程教学方法改革的思路

(一)树立"全人教育"理念

"教育为人"是教育的真正目的,人的全面发展是教育的核心目标,这是全人教育理念的主要倡导。全人教育理念反对将人培养成只会干活与服务的机器,而强调人与自我的和谐发展、人与自然的和谐发展以及人与社会的和谐发展。始终坚持人的身体

和内在的和谐统一是全人教育理念的一大特点,该理念同时也强调体育发展要以人为核心,要与社会的发展保持和谐。

学生的全面发展在国外体育教育中备受重视,我国在篮球教学大纲的制定过程中,可对国外教育制度进行参考与借鉴,应在遵循学生身心发展规律的基础上进行篮球教学设计。之所以要在篮球教学中树立全人教育理念,主要是强调在开展篮球技能教学的同时对学生的心理身体及社会身体的需要给予足够的关注。

(二)将因材施教的原则体现在教学方法上

在校园篮球课程教学中,篮球教师对教学方法的选用应以不同篮球技术的特点为依据而进行,不能针对所有教学内容都采用同一种固定不变的教学方法,否则学生学习的积极性和兴趣就会受到不好的影响。例如,在篮球课堂上传授防守步法时,不要只是对基本步法的动作要领作简单的讲解,或者在步法的细节上用大量的时间来分析,为了提高教学效率,教师可简单组织二攻一比赛,引导篮下防守的队员对最佳防守姿势进行探索,并指导其合理移动,使学生在实践中将防守步法掌握好,之后再对各项技术的细节进行细化讲解。

(三)将翻转课堂引入篮球课上

近年来,体育教学中有许多新兴授课方式逐渐流行起来,线上课程开发模式——翻转课堂就是其中之一。翻转课堂指的是学生在网络教学平台上自主观看教学视频,然后教师指导学生在课堂上自我讲解,组织学生之间相互讨论,从而使其所学技术进一步得到巩固的教学方式。在篮球教学中采用翻转课堂教学形式,充分体现了篮球教学的个性化与人性化,体现了人文性与工具性的统一,有助于"健康第一"教学指导思想的充分落实。

翻转课堂教学法可以运用在篮球教学的很多方面。例如,针对篮球运动的持球突破技术,可先让学生利用网络资源自主学习,即观看校园网络教学平台上的有关视频,然后在课堂上设计简单的比赛,指导学生完成比赛,同时教师提出相关问题,引发学生思考,将学生划分成不同的小组,鼓励小组成员之间交流与讨论。而后由学生对持球突破技术的动作要领进行讲解与演示,其他学生提出意见或想法,最后教师将学生讨论后的信息整合起来,对持球突破动作的具体细节进行讲解。这种教学方法的实施过程可以概括为"学生自主学习—学生独立思考—小组探讨式学习—教师补充讲解"。[①] 该方法有助于学生对篮球技术细节的完整掌握,提高学生的团体意识与合作能力,激发学生的学习兴趣与积极性,提高教学效率。

第二节　微课教学法在篮球教学中的应用

随着科技的不断发展,社会已经进入了信息化的时代,教师的教学模式开始变得不同,教学课堂也发生了翻天覆地的变化。教师可以利用丰富的视频文件、有趣的图片、生动的音频、独特的方式等提高学生对篮球的学习兴趣。其中微课的使用能够给传统的篮球教学方式带来一种创新,对于篮球课堂教学起到十分重要的作用,提升教学的质量。

一、微课的概念与特点

(一)微课的定义

"微课"指的是以新课标的要求、课堂教学需求为依据,将视频作为教学载体,对教师在课堂上的精彩讲解或全部教学活动进

---

① 徐程程,狄小慧.人文关怀视角下高校篮球选修课教学方法的现状与创新[J].运动,2018(14).

行记录。[①] 微课包含传统型的教学方式和辅助性的教学资源,见表 4-1。

表 4-1　微课的结构

	主要因素
传统型教学方式	视频片段
	教学内容
	教学课件
	教学作业等
辅助性教学资源	教后反思
	教师点评等

通过在线观看微课,学生可对学习内容提前进行了解,并有目的地预习和总结学习内容。篮球教师对微课的科学制作与设计有助于使学生获得新的学习体验。在篮球教学中使用微课教学法,能够将学生带入一定的教学情境,使学生在特定情境下学习篮球知识与技术。这种教学方法对于激发学生的学习兴趣和提高篮球课堂教学效率具有积极影响。

(二)微课的特点

微课具有以下几个显著的特点。

1.教学时间短

微课教学法向学生传递学习内容是以视频的形式实现的,通常时间为 6～10 分钟,这样学生能够更集中地观看和学习,与传统体育课(课时 45 分钟)相比,微课时间短,学生可以重复观看,课堂组织更方便灵活。

---

① 陈进然.微课在高中篮球教学中的应用研究[J].体育世界(学术版),2018(11).

2.资源容量较小

微课主要是流媒体格式,时长短,所以资源容量并不大。教师和学生在电脑、手机等媒介上观看都比较方便,这种移动教学方式也为师生之间的交流提供了方便。

3.教学内容精简

微课具有教学内容简要、精练的特征,将其运用到篮球教学中,可使学生对篮球技术的重点、难点集中进行学习。和传统篮球课堂教学相比,这种教学方式更便于学生把握主题。

4.利于师生互动

微课教学方式为师生之间的互动提供了便利,师生可利用手机或电脑及时交流,更灵活便捷地沟通,对于学生的反馈,教师能及时收到,从而对微课课件进行有针对性的设计与及时的调整,从而促进篮球课堂效率的提高。

二、微课在篮球教学中的应用研究

当前,我国篮球教学中存在教学目的不明确、教学方式单一等不足之处,而且教师一味强调让学生课上课下反复练习,难免会引起学生的负面情绪。而将微课教学法运用到篮球教学中,可在一定程度上改善篮球教学现状,提高教学质量。

(一)合理选择教学课件

实践证明,课堂教学效率的高低与质量的好坏与教师在课前所做的准备工作是否充分有直接的关系。在微课的准备阶段,教师应围绕学生来思考设计工作,具体要考虑以下问题。

第一,学生感兴趣的篮球运动员。

第二,学生的篮球实际水平和什么样的篮球练习方式比较适合学生。

第三，如何安排篮球课堂教学中的实训环节。

篮球教学中面对的学生群体各有各的特点，有的学生可能篮球基础较差，甚至首次与篮球正式接触，因此对篮球没有系统的印象。对于这部分学生，教师应进行系统引导，使学生对篮球运动逐渐有所了解、熟悉，并爱上篮球。而教师要培养学生对篮球运动的兴趣，可对篮球明星精彩灌篮的视频集锦进行整合，让学生观看这些集锦，产生兴奋之情，并体会篮球运动的乐趣，产生学习与参与这项运动的欲望。教师对篮球某一技术的动作要领进行讲解时，可将示范动作剪辑成视频，在课堂上播放视频，使学生在反复观看中对技术要领有一定的了解，并进行模仿练习，最终将动作要领真正掌握。总之，对篮球教学课件的合理选择有助于促进学生学习兴趣、学习效率和学习质量的全面提高。

（二）对课堂时间进行合理安排

中小学篮球课一般每节课 45 分钟，而且每周安排的篮球课时较少，普遍是一周一节。要在有限的课时和课堂教学时间内将教学任务完成，实现教学目标，就需要教师对课堂时间进行合理安排，提高每节课的教学效率。

篮球运动中很多动作和姿势都具有技术性，基础较差的学生不可能在课堂上有限的时间内完全掌握技术的动作要领。因此，学生提前预习和自学很重要。教师提前将教学资料提供给学生，学生按照资料自学，并自己查阅其他相关资料，对将要学习的内容有所了解，清楚下节课要重点学什么，以便在上课时能跟上教师的节奏，在短时间内将篮球知识与技术掌握好，提高学习效率。

此外，教师要将微课视频及时提供给学生，对学习内容进行恰当安排，并与学生及时互动交流，探讨教学中的问题，及时了解学生的学习情况，帮助学生解决实际问题，提高其学习质量。

（三）对教学环节进行合理设计

将微课教学法运用到篮球教学中，就要对各个教学环节进行合理安排,使学生在学习中获得更大的进步与成果。

首先,对于学生的课前预习,教师要做好引导。传统篮球教学中,教师占用大部分课堂时间来讲解篮球知识与动作,并进行动作和技巧示范,学生自主练习的时间较少,实战机会更是寥寥无几,而采用微课教学法可对此问题进行有效处理。

其次,教师要鼓励和引导学生亲自参与形式丰富的篮球活动。对于练习积极、动作标准、姿势规范的学生,教师可录制一些视频,在课堂上播放视频,表扬这些学生,并教导其他学生向这些学生学习,使每个学生都能有所进步和学有所获。

(四)对篮球动作进行简化

在篮球教学中,学生要将一些基本的篮球技巧以及技术动作熟练掌握,这是篮球教学的要求。但从学生的篮球基础和实际水平来看,这个教学要求比较高,对学生而言有一定的难度,学生很难达到要求。篮球运动中有很多比较灵活和充满技巧性的篮球动作,如三步上篮、后仰三分等,在这些动作的教学中,学生很难规范地完成,对于其中的复杂动作要领,更是不容易掌握。此时,教师将微课教学法引入课堂中,分步骤地讲解篮球运动中的复杂动作,将每一步的动作简单录制视频,简化复杂动作,这样复杂动作就成为了一个个基础动作的集合,基础动作对学生来说比较容易学习和掌握。通过对篮球动作进行简化,学生可更加直观地了解动作要领,并在不断的练习中逐渐掌握,这有助于使学生学习的自信心得到提升。

(五)角色的适当转变

新课程目标要求在教学中要"以学生为本",微课教学比传统教学更能体现这一点。微课教学提倡让学生成为课堂的主人,让学生将课堂主动权牢牢掌握在手,提高学生的课堂参与度,使学生成为课堂上的活跃分子。在篮球微课教学中,教师不能仅仅只是将篮球知识与技术传递给学生,而应在传递知识的同时将优秀的微课资源提供给学生,并为学生的自主练习创造与提供机会。此外,教师还可以及时获得学生的反馈,对教学内容进行完善,选择能够吸引学生注意力的教学内容,激发学生的兴趣,让学生更加积极地进行学练,不断掌握篮球知识与技巧,达到教学目标。

总之,微课是以视频为载体,具有教学时间短、教学内容精简、资源容量小、便于师生互动等特点的新型教学方法。将该方法运用到篮球课堂上时,要注意对教学课件的合理选取、角色的转变及对课堂时间、教学环节的合理安排,同时还要将网络化教学平台充分利用起来,以吸引学生参与,优化篮球教学质量,促进学生身心健康发展和篮球运动水平的提高。

第三节　体验式学习法在篮球教学的应用

体验式学习法指的是教师通过了解和掌握学生的认知规律,创造相应的教学情境,采取恰当的方法对教学内容加以呈现和传授,从而让学生通过亲身体验而掌握教学内容,形成一种知识体验式学习的方法。① 在篮球教学中采用体验式学习法,有助于提高篮球教学效率与质量。

一、体验式学习方法在篮球教学中运用的必要性分析

(一)激发学生的学习热情

体验式学习法与传统篮球教学方式不同,传统篮球教学方式对培养学生的实践技能不够重视,而体验式学习法对学生的实践技能十分重视,这是篮球教学回归到以学生为主体的一个重要体

---

① 张乐为.“体验式学习”方法在高校篮球教学的实验探讨[J].江西电力职业技术学院学报,2018(5).

现。在篮球学习中,学生更偏向于学习实践技能,而不太喜欢学习理论知识,体验式学习与学生喜欢参与篮球实践练习的学习需求相符。在篮球教学中应用体验式学习法,可以将学生学习的兴趣成功激发出来,学生通过体验式学习也会对篮球运动越来越感兴趣,并自觉积极地参与练习。篮球教师要科学使用体验式学习法,充分发挥这一方法的优势和自身的主导作用,积极引导学生亲身参与篮球学练实践,使其对篮球的魅力有深刻的体会与感悟。

(二)培养学生的体育意识

随着人们健康观念的提升,体育运动意识也不断增强,体育精神被广泛传播到社会的各个角落。这同时也对体育教学的要求越来越高,不仅需要很好地完成体育教学任务,还需要在教学中培养学生的体育运动精神,让学生对体育运动的魅力、体育文化的内涵有充分的感受与体会。为了达到这些要求,需要将体验式学习法引进篮球课堂教学中,激发学生投入篮球实践的热情,学生在教师的带领下,通过不断的亲身体验,其体育意识也会不断增强,综合素养也会得到明显的通过。

在体验式学习教学中,教师可以设计一些篮球比赛,让学生在比赛实践中对篮球运动的奋勇拼搏魅力进行体验,让学生体会团队协作的重要性,使其对篮球体育的精神有更加深刻的理解。

(三)改善篮球教学效果

在篮球教学中运用体验式学习方法,能够使学生的主体作用得到充分发挥,让学生在亲身参与实践的过程中获得深刻的体验,使学生形成较为完善的知识体系,进而提升篮球教学效果。

在篮球教学过程中,不仅要求教师讲解相关知识点、示范篮球动作,还要求学生在教师的指导下亲身投入实践,亲自体验。学生在参与各种篮球实践活动的过程中,不断体验篮球的魅力,所掌握的知识和技能也会不断得到巩固,同时在亲自体验的过程中及时发现自己的学习问题,认真分析问题和努力解决问题,不断优化学习质量,提升综合素质。

二、体验式学习法在篮球教学中的具体应用与实施方法

(一)合理创设教学情境

在运用体验式学习方法的过程中,对学生的主体地位要予以重视,鼓励学生积极参与到课堂教学活动中,亲身体验教学过程,这样才能发挥体验式学习教学方法的作用。此外,要恰当转换师生角色,创设合理的教学情境,促进学生主体意识的增强,以更有效地发挥体验式学习教学方法的重要作用。合理创设教学情境需注意以下几点。

首先,在体验式学习中,教师指导学生对学习内容自主安排,引导学生做好热身活动,或让将篮球动作掌握较好的学生面向全体学生展示,督促学生之间相互交流沟通,这样基础较差的学生更容易获得进步。

其次,鼓励学生创新学习与练习方法,培养学生的组织能力,并调动学生参与各种体验活动的积极性。

最后,在教学过程中,教师在恰当的时机提出关于教学内容的问题,引发学生思考,让学生在亲身体验中找到问题的答案,提高学生学习的自信心。

(二)不断完善教学方法

篮球教学的实践性很强,篮球教学场地、教学条件都具有一定的开放性,在开放的学习环境中,学生的学习情绪和热情容易被调动起来,但同时也容易造成学生心理上的紧张。对此,篮球教师应在教学过程中充分发挥自身的作用,对学生的体验与学习给予积极的引导和指导,并重视对教学方法的改革与完善。

首先,在篮球课堂教学中,合理布置教学场地,优化教学设施

质量,建立平等和谐的师生关系,营造轻松愉悦的教学氛围,为学生创造良好的学习环境。

其次,篮球教师要在教学过程中多和学生互动,对学生的学习状态和遇到的问题及时掌握与了解,想方设法让学生积极投入到学习中。教师在进行篮球动作示范时,要注意动作的规范和姿势的标准,并在学生自主练习中不断强调动作要领,仔细观察,对各个学生的练习进度有所掌握,对学生练习中出现的问题要及时纠正,促进学生学习的进步与技术水平的提高。

(三)培养学生的自我意识

培养学生的自我意识也是篮球教学的重要任务之一,体验式学习教学方法有助于启发与增强学生的体育运动意识,丰富学生的实践体验,使学生更深入地了解篮球运动和教学内容,进而能够在学习过程中自觉反思和总结自己的学习情况,同时与他人交流经验,解决自己的学习问题。

(四)关注学生的情感体验

在篮球教学中采取体验式学习教学方法,不但能够使学生的身体素质得到锻炼,还能培养学生的智力,丰富学生的情感,进而提升其综合素养。通过不断的实践与体验学习,学生对篮球运动的魅力有更多的了解与体会,进而产生浓厚的情感,这有助于学生形成长远的篮球参与意识。

第四节 学导式教学方法在篮球教学中的应用

学导式教学方法作为一种新兴教学方法,近年来在教育界经常被探讨,这种教学方法在体育学科和其他学科的教学中得到了较为广泛的应用。该教学方法在体育教学中的作用在于开发学生的智力,对学生的学习潜力进行挖掘,促进学生体育学习积极性的提升,提高体育教学效果。

一、学导式教学方法的优势

(一)发掘学生的能动性

在篮球教学中应用学导式教学方法,要将学生视为课堂的主人,尊重学生的主体地位,对学生的潜力深入挖掘,提高学生学习的积极性与主动性,培养学生分析与解决问题的能力,这种能力对其日后的学习与将来的工作生活都是有好处的。学导式教学法还能将学生学习的激情与动机激发出来,促进篮球教学质量的改善。

(二)面向所有学生

传统篮球教学中,篮球教师主要是面向大部分学生而教,并没有将精力放在所有学生身上,对学生的指导也没有做到面面俱到,这样总会导致一些学生因为得不到关注和指导而失去对篮球课的兴趣与信心。而将学导式教学方法应用到篮球教学中,教师可以帮助学生解决学习中的问题,及时更正学习错误,教师也会在这个过程中不断改革传统教学中的不足之处,有针对性地改进与创新,采用不同的方法指导不同篮球基础的学生,使每个学生都获得成长。例如,对于基础好的学生,适当提高要求,布置比较难的学习任务;对于基础较差的学生,要多给予指导,创造良好的学习条件,帮助其达成学习目标,提高其学习的信心。在帮助落后生进行独立自主、创造性学习方面,学导式教学法发挥着非常重要的作用。这也是其在各学科教学中深受重视的一个主要原因。

(三)促进学生全面发展

篮球教学多在室外进行,这个教学环境相对较为特殊,在室外篮球教学中运用学导式教学方法，可以调动学生学习的积极性，促进学生学习兴趣的提升和感悟能力的增强，同时能够对学生坚强的意志品质与坚忍不拔的精神进行培养，使学生不管在学习中还是在生活中，即使遇到很多困难，也能主动克服心理障碍，顽强应对，渡过难关。学导式教学法还有助于学生之间相互进行讨论，互帮互助，从而建立良好的友谊，提升班级凝聚力。学导式教学法对学生的个性化发展也有重要帮助，可促进学生综合素质能力的提升。

二、学导式教学方法在篮球教学中的应用程序

（一）教师导学

篮球运动具有较强的实践性，学生要掌握篮球知识与技能，就要学习书本知识，不断观看视频，亲身参与，反复练习，如此才能有所收获。在学生的自主学习中，难免存在自我认知与理解上的错误。为此，在学生自主练习的过程中，教师应给予积极的引导和正确的指导，使学生正确理解篮球的基本知识，如篮球发展史、特点、文化内涵、锻炼注意事项等。学生只有正确理解篮球知识，充分掌握这些知识，才能运用这些知识来指导自己的实践练习，发挥自身的自主能力，对篮球运动的技巧进行探索。此外，教师要根据学生的学习状态来适当布置一些作业，使学生的学习更有目的性。

（二）学生自主学习

在教师的指导下，学生的学习也有了目的性，学生会逐渐明确自己的学习目标，并在自我学习意识下不断学习与巩固篮球知识与技能，使自己的篮球知识越来越丰富，篮球技能水平越来越高。在自主学习环节，小组成员之间可自由讨论，相互交流学习经验与心得，针对自己的问题寻求帮助，改正不足，这在提高学生

自主学习能力的同时也培养了学生的人际交往能力。

(三)师生展开交流

虽然说学生自主学习是篮球教学中非常重要的一个环节,但学生在自主学习中对篮球知识与技能的掌握毕竟是有限的,在教师教学环节,学生会慢慢发现学习难点,知道自己需要学习和努力的地方还有很多,因此,教师的指导与师生之间的交流与沟通非常重要,这有助于学生对实际学习问题进行解决,并启发学生的思想,促进终身体育意识的形成。

(四)教师指导示范

在篮球课程教学中,如果学生只靠自己的思维模式与方法去学习,那么只能掌握少部分知识,而且对技能的掌握也不是很准确、扎实,为了提高学习的效果,需要教师系统讲解篮球的具体知识,并进行综合性的示范。在篮球教学中,要特别把握好教师的指导示范这一环节。

教师在指导时,讲解是一个主要方式,讲解时,语言应简单明了,要能使学生快速理解,学生只有在基础层面上理解了篮球知识,其篮球技能才能不断稳固,在自主学习中学习的积极性才能得到充分发挥。示范也是教师执导的重要方式之一,教师要将篮球动作的技巧、重点牢牢把握好,清晰准确地示范,让学生全面掌握动作要领,能够连贯完成各个动作。

(五)学生自我吸收理解

在篮球教学中,不仅需要篮球教师进行系统授课,还需要学生发挥主观能动性,发挥自学的积极性,在教师的指导下自主学习,养成自觉学习的好习惯,这也是提高篮球教学效果的一个重要途径。篮球教学考核要对学生掌握篮球知识与技巧的程度进行检验,因此需要学生在学习中善于自我吸收,在教师的指导下主动对自己的学习所得进行总结,并对自己的问题进行反思,对于自己把握不准的内容,要及时向同学或老师请教,及时解决问题。

第五节 篮球课程教学方法的组合应用

一、篮球教学方法组合的理论构建

在篮球教学中,如果只将一种教学方法一用到底,那么教学效果基本不会有明显的提升。有针对性地组合运用各种有效的篮球教学方法,对于提高篮球教学效果具有重要意义。下面主要探讨四种教学方法的组合运用,分别是游戏教学法、分层教学法、情境教学法以及合作教学法。

篮球教学方法组合的理论构建就是在"健康第一""以人为本"等教学思想的指导下,以学生的全面发展为核心,以激发学生的篮球学习热情为先导,以篮球技能教学为载体,有机结合一般性练习与专门性练习,然后对构建的教学目标加以确定,根据教学目标和所选教学方法的特征设计教学过程,最后针对篮球教学方法的构建进行教学评价。[①]

以高中为例,篮球教学方法组合的理论构建如图 4-3 所示。

(一)篮球教学方法组合的构建基础

1.情境教学法

古希腊著名教育家苏格拉底最早提出情境教学法,该方法是以特定情境内容帮助学生对特定问题加以理解,让学生感同身受,获得直观的感性认识,为后续的理性认识提供辅助。这种教

---

① 张哲华.高中篮球教学方法的组合应用[D].辽宁师范大学,2017.

学方式是非常考验教师教学能力的,对教师的教学素养有较高的要求。对于学生来说,要在较短时间内理解与掌握知识,尤其是接受重、难点内容,情境教学法不失为一种有效的方法。

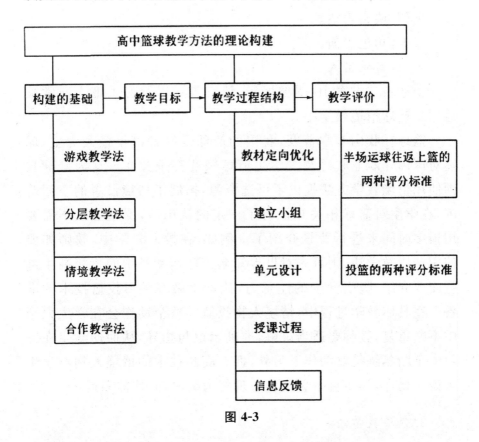

图 4-3

在情境教学法的实施中,在课堂上具有第一主体地位的学生可以充分发挥自己的主观能动性,教师创造学习环境,学生在特定环境下主动思考、拓展思维,将自己的创造力充分发挥出来。例如,在英语课上,教师通常会安排学生扮演课本中的一些角色,也就是设计简单的课堂情景剧,在这个环境中,学生容易快速进入以英文为主的语言环境中,通过扮演角色,带入情感而学习单词和句子,这能够将学生学习的积极性和主动性最大限度地激发出来,促进课堂教学效率的提高。一般来说,使用情境教学法且在情境设置中,有以下几个方案可供选择。

第一,生活场景。

第二,图像展示。

第三,实物展示。

第四,语言表达。

第五,角色表演。

第六,音乐带入。

上述备选方案中,图像展示、语言表达以及音乐带入通常被运用到篮球情境教学中。

篮球在我国非常普及,我国的篮球爱好者以年轻人为主,球迷对国内外职业联赛及大学生篮球联赛都很关注。这为篮球教师使用情境教学方法提供了可选资源,拓展了情境设置的空间范围,在学生对篮球相关知识有了一定的认识后,课堂上就不需要用很多时间来进行背景介绍了。例如,在投篮教学中,教师如要使用情境教学法,则可先对世界知名篮球运动员中的投篮高手进行简要介绍,吸引学生的注意力,让学生做好学习投篮技术的准备。在具体教学过程中,情境人物投篮的整个动作会在学生大脑中不断重复,教师要适当讲解,准确示范与指导,从而使学生在练习中不断熟练投篮动作。另外,拥有高超技术的情境人物对学生来说是榜样,学生会带着崇拜心理努力练习,向榜样靠近。

2.分层教学法

篮球教学要贯彻因材施教的原则,分层教学就是贯彻该原则的具体表现。正处于身体发育关键期的青少年在身体素质、运动能力等方面存在明显的个体差异,而且男女生性别差异也很显著。针对这个客观现象,采用分层教学法十分重要,其能够保证教学的公平性,让每个学生都接受对自己有益的教育。

在篮球教学中采用分层教学法,充分落实了以人为本的指导思想,教师在教学中对每个学生的特点都密切关注,针对不同特征与水平的学生有针对性地落实因材施教,保证学生受到的教育都是最适合自己的,并且能促进学生每天都有进步。篮球技术比较复杂,也相对灵活,采用分层教学法可以挖掘不同层次学生的篮球天赋和运动潜力,同时能使学生更加自信地学习。

另外,在篮球课上要公平对待每个学生是比较难的,但采用分层教学法可以最大限度地达到这个要求,每个学生都能找到自己的位置,学生的存在感和满足感会得到提升,身体和心理也会不断健康协调发展。这也满足了当今社会对全面发展型人才的要求,落实了素质教育理念。青少年学生在校园中建立的自信对其未来的工作、生活都有重要意义。

3.合作教学法

每个个体都有独立性,都有自己的独特之处。个体之间是有差异的,每个人的优点也是相对有限的,在学习和生活中,每个人都会遇到这样或那样的问题,而且在解决问题的过程中也会遇到不同程度的阻碍。总之,个人能力是有限的,每个人的学习效率也是有限的,个人发展也在很大程度上受到了限制。这种情况下采用合作教学法能使学生的个人发展上升一个台阶。篮球是集体项目,更需要团队合作,在篮球教学中也要对学生的合作意识进行培养,使学生不仅掌握篮球技能,也要提高思想认识。

合作教学法中的合作包括两个方面:一是师生之间相互配合,共同协作;二是学生之间互相帮助,取长补短,最终目的都是完成既定目标,促进学生进步与成长。在使用合作教学法的过程中需要注意以下几点。

(1)学生之间积极互动

在篮球课上,场地、设备及其他相关材料是学生共享的,教师可对奖惩措施进行合理制定,以将学生的积极性与潜能激发出来。而且在课堂上,教师应针对每个小组的实际情况而设立一个符合该小组的小目标。这能够激发各个小组的学习动力,让小组成员之间相互依赖,积极互动,完成小组目标。

(2)师生面对面交流

篮球教师的讲解与指导在篮球课堂教学中是必需的。师生之间要有一定的互动，面对面沟通与交流，教师帮助学生将正确的合作方向确定下来，以便学生有目的地学习。

（3）明确个人责任

各个小组的学生成员都要承担相应的责任，有效完成自己的任务，同时小组成员之间相互帮助，相互合作，共同完成本小组的学习任务与目标。

（4）处理好人际关系

合作教学法可以对学生的人际交往能力进行锻炼。各小组学生有共同努力的方向与目标，只靠个人英雄主义不可能完成小组学习目标，每个学生都要发挥自己的主观能动性，主动探索解决问题的对策和学习的技巧，同时要主动帮助其他学生或寻求其他学生的帮助，与他人相互合作，共同解决问题，完成任务，在这个过程中，学生的团队合作意识会越来越强，人际交往能力也会得到提高。

（5）小组自加工

小组自加工也就是小组成员之间相互探讨、自我反思。当小组学生在相互合作下将既定问题解决之后，要及时总结与反思，一方面反思自己的个人能力；另一方面反思小组配合。在这个反思的过程中，小组成员都会有所收获，不断成长。这也是合作教学法对学生成长的一个重要意义。

4. 游戏教学法

时间、场地、学生自身条件等因素都会在不同程度上影响篮球教学的开展，师生之间能否有效互动，学生能否充分掌握篮球技能，都直接受这些因素的影响。为了将这些因素的消极影响降到最低，同时充分发挥这些因素的积极作用，篮球教师将游戏教学法引入篮球课堂上。

作为辅助教学方法的篮球游戏教学法可以使篮球课堂教学变得有趣，可营造活泼轻松的课堂氛围，这样学生就不会因为教学内容重复、教学方法单一而失去学习篮球的兴趣，并在身体与心理上同时抗拒篮球课了。在篮球课上正式开始教学之前,要做一些准备活动,篮球游戏是准备活动的主要内容,通过这个活动,可以使学生达到充分热身的效果,将学生学习的积极性激发出来,为接下来教学工作的开展打好基础,提高课堂教学效率。

在篮球课堂教学中穿插游戏教学法具有重要意义。虽然相比文化课,体育课更灵活、更有趣,但长时间采用几种简单的教学方法,学生还是会觉得枯燥,游戏教学可以改变这个现状。需要注意的是,教师需控制好课堂篮球游戏的时间,一般占总课时的30%,可适当增减,视学生的具体情况而定。游戏教学在课堂上的应用如下。

首先,在课的准备部分,教师可带领学生做一些简单的篮球游戏来吸引学生的注意力。

其次,在增加运动量前,可安排学生做一些准备性的游戏,以免因运动量增加而引起学生受伤。同时这也能使学生了解接下来要学习的篮球动作,在正式授课时,教师结合之前的热身游戏有针对性地进行讲解和示范,重点指出学生在游戏中出现的错误动作,强调哪些动作做不规范容易引起损伤,应引起学生的重视,保障学生的安全,提高学生的学习效率。

最后,在课的结束部分,组织学生做一些放松性的游戏活动,使学生快速恢复心率,放松大脑皮层,避免因身心疲惫而对接下来的学习造成不好的影响。

在篮球课上采用游戏教学法,需注意以下几点。

首先,在开始游戏前,教师要简要说明游戏规则,讲解游戏的过程与方法以及判定胜负的标准,让学生知道该如何做。

其次,教师要合理划分游戏小组,各组水平要基本相当,这样做游戏才有悬念,学生才更有积极性。

最后,做游戏之前强调热身的重要性,避免造成肌肉拉伤、关节扭伤的现象。

(二)篮球教学方法组合的教学目标

在传统篮球教学中,先由教师讲解、示范,学生观察模仿,教师指出问题,然后学生边练习边改善。虽然传统教学方法可以使学生将篮球动作掌握好,但学生在学习过程中很难获得乐趣和美好的体验,而且会认为篮球运动是无趣的、是枯燥乏味的。这会影响学生学习的积极性。而在分别优化情境教学法、分组教学法、合作教学法及游戏教学法的基础上,将它们组合起来应用到篮球教学中,可以应对不同基础的学生和不同的教学环境,使教学更有针对性、目的性,更有效率。这样能使学生更有效地掌握篮球技能,更好地实现身心健康发展;促进学生人际交往能力的提高和学习兴趣的增加。对多种教学方法的优化组合运用使得篮球课变得丰富多彩,这样自然就会提高教学效率和教学质量。

(三)篮球教学方法组合的过程方法

篮球教学方法的优化模式如图 4-4 所示。

具体而言,篮球教学方法组合的过程包括以下几个环节。

1. 定向优化教材

定向优化教材必须保证不改变教学大纲规定的教学任务、教学目标及教学要求;不改变教学内容。在这个基础上,优化升级篮球教学内容,在每节篮球课上合理分配零散的知识点,让学生自觉做好课前预习,并在课堂上积极配合教师,用心学习。教师在编写教案的过程中总结课堂内容,并组织实践活动使学生能够灵活应用课堂所学知识与技能。

在篮球教学中,教师以班级学生的普遍接受能力为依据对教学进度进行控制,在上每节课之前都要有详细的教学计划,并在结束一节课时将下节课要教的内容告知学生,给学生布置查找相关资料的时间,让学生预先了解即将学习的新动作,形成感性认识。学生只有课前做好预习、课上用心学习、课后及时总结归纳和复习,才能牢牢掌握篮球知识与技能,并提高自己的自学能力与学习效率。

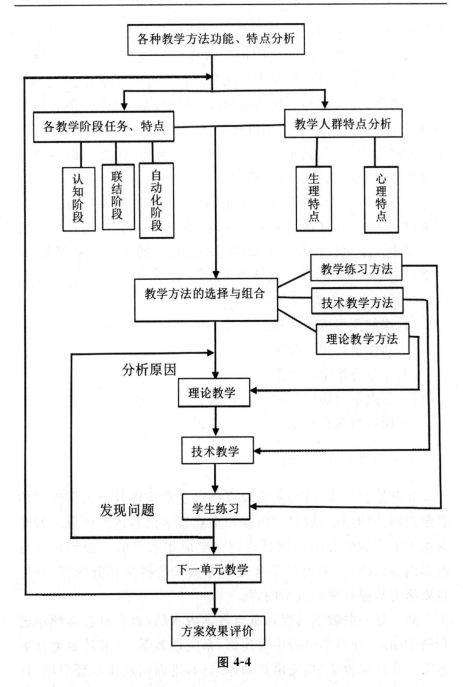

图 4-4

2.建立合作学习小组

"组间同质,组内异质"是教师划分学习小组必须坚持的一项重要原则,每个学习小组的成员之间要保持相当的水平,即使有差别,也要保持在合理的范围内。这样的分组有利于建立"同组互助、异组竞争"的机制,即小组成员之间相互合作和小组之间展开良性竞争,使合作和竞争相辅相成,协同发展,对学生的合作能力和竞争意识进行培养。小组成员之间只有相互合作,才能提高本组的战斗力,在与其他组竞争时取得优势,小组之间的激烈竞争又会激发小组成员的团结精神。

在分组教学中,每节课结束前,以每组学生的课堂表现为依据来排列名次,并且在期末考试时,在总成绩中将日常排名、分数计入其中。学习过程和学习成绩是小组评分的两个组成部分,其中学习过程占 40%,学习成绩占 60%。在学习过程评定中,主要内容包括以下几方面。

(1)课前预习成果汇报。

(2)动作学习规范程度。

(3)小组合作学习效果。

(4)组内学习协调效果。

(5)课后教案总结情况。

3.教学单元内容设计

在开始教学前,教师从宏观视角出发来整理教学大纲规定的教学内容,同时对一般教学内容和重点教学内容进行区分。教学大纲中要求学生必须掌握且达到一定应用水平的一般都是重点教学内容,教师要采用科学合理的方式来传授这部分内容,学生也要努力掌握好重点教学内容。

划分好一般教学内容和重点教学内容后,就要对教学顺序进行科学制定,在教学过程中要连贯、系统地教学,要有计划地开展教学。在技术教学中,先讲解动作结构,进而向动作原理引申,最后对该技术动作的运用方式进行讲解与示范。教师要在纵向递推式延伸的理念下进行技术动作教学,使学生在掌握技术的同时拓展知识点。教师要循序渐进地推进教学环节,各环节衔接密切,这能够保证学生逐步理解与掌握教学内容。

4.授课过程

(1)三步上篮教学

用四次课的时间教"三步上篮",教学方式是传统教学法、分层教学法和合作教学法(图4-5)。

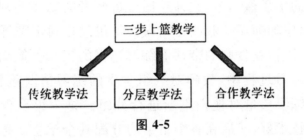

图 4-5

先将学生分成以下三个层次。

A层:学生有一定的篮球基础,而且在之前的两个技术学习中有较好的成绩。

B层:学生之前没有正式接触过篮球,但在之前的两个技术学习中有较好的成绩。

C层:学生篮球基础薄弱,在之前的两个技术学习中也没有取得好成绩。

完成分组后,教学程序如下。

①第一次课:传统教学法

学生在教师的带领下做热身练习,然后有 5 分钟的自由活动时间,自由活动后,教师将学生集合起来,对三步投篮技术动作进行简单介绍,然后示范动作,带领学生做分解练习,具体分解成四个动作,分别是跨步后起跳、跨步后接球、运球以及起跳投篮。

②第二次课:传统教学法和分层教学法

学生在教师的带领下做热身练习,然后教师再次完整示范三步上篮动作,引导学生对上节课的分解动作进行复习。每个层次的学生都要练习分解动作。教师检查和指导,对 B、C 层的学生要特别留意,及时纠正他们出现的偏差,给予更细致的指导。对于

A层的学生,适当提高要求,增加难度。

本节课运动量较大,所以在课程结束时,教师要带领学生做好放松活动,缓解疲劳。

③第三次课:分层教学法和合作教学法

学生在教师的带领下做热身练习,教师从A层学生中找个动作掌握较好的代表做规范的动作示范,再在C层学生中找个动作掌握较差的学生做示范,教师对比分析两者的动作差别及形成原因,并指出应如何避免和改正错误。三组学生对上节课的分解动作进行复习后,在教师的带领下练习连贯的三步上篮动作。在三组学生的练习过程中,教师对三组学生的练习情况重新做评价,然后根据练习质量对他们重新进行分组。每个组至少要有一个学生篮球技术好,然后在各个组平均分配其余学生。每个组篮球技术好的学生要帮助组内基础较差的学生,适当给予指导。在课程结束时,做一些放松活动。

④第四次课:传统教学法和合作教学法

学生在教师的带领下做热身练习,然后教师再次完整示范三步上篮动作,并且对下面几点进行强调。

第一,在左脚踏上罚球分界线的地方接球,女生或身材矮小的学生可适当提前。

第二,起跳后快速举球过头顶,起跳高度和瞄准时间直接相关,高度越高,时间越长,起跳后伺机果断出球。

第三,自然落地,身体不要过分前倾,屈膝缓冲。

强调完以上三点后,学生在教师的带领下进行新一轮练习,每组学生分开练习,采取小组负责制,组内学生相互帮助和监督,对动作不规范的学生要重点指导。教师在一旁观察,总结问题,然后将学生集中起来,说明学生在练习中普遍存在的问题,指出解决方法,之后各组学生继续练习。在课程结束时,做一些放松活动。

(2)单手肩上投篮

用三次课教学,使用传统教学法、情境教学法和游戏教学法

（图 4-6）。

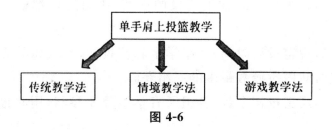

图 4-6

教学过程如下。

①第一次课：传统教学法

学生在教师的带领下做热身练习，然后教师对原地单手肩上投篮的动作要领进行讲解。之后示范完整动作，学生模仿教师进行自主练习，教师给予指导。在课程结束时，做一些放松活动。

②第二次课：传统教学法和情境教学法

在本次课中使用情境教学法可以巩固学生所学的投篮动作，提高其投篮技能水平。

学生先在教师的带领下做热身练习，然后有 5 分钟的自由活动时间，很多学生会利用这个时间练习投篮，可见学生在投篮方面有较高的积极性。自由活动结束后，教师带领学生对上节课所教的原地单手肩上投篮动作要领进行复习，并且随机挑选学生让他们做示范，有针对性地指导与纠正学生示范中出现的问题，如肢体不协调、手指力量弱等。

教师将学生分成三组，每组都有不同层次的学生，组长由技术水平高的学生担任，组长对本组的学生负责。在小组各自学习的过程中，教师仔细观察学生的动作规范与否，及时指出学生的问题。各组学生完成本组学习任务后，在教师的组织下做放松练习。

③第三次课：传统教学法和游戏教学法

学生先在教师的带领下做热身练习，然后对上节课所学的动作进行复习，并练习无球投篮，使动作不断趋于规范。学生自由练习 10～15 分钟。然后按照上次课的分组，组织三种规则的单手肩上投篮比赛,三组学生都要参赛。规则如下。

第一,各个小组的学生均投两次蓝,小组进球数最多的一组获胜。

第二,规定投篮时间,各组学生轮流投篮,每人每轮至少进一球,规定时间内投篮数最多的一组获胜。

第三,规定投篮个数,各组所有学生都要参与,用时最短的一组获胜。

经过三种规则的比赛后,对成绩进行汇总,然后排名。课程结束时,宣布比赛结果,然后对单手肩上投篮技术动作的要点再次进行总结与强调,最后学生做一些放松练习。

5.教学信息反馈

在一节课中要对多种组合教学方法进行应用,对教师的教学能力提出了较高的要求,为了更顺利地开展和改善教学,教师需要了解外界的反馈。通常有来自以下几方面的反馈。

(1)授课教师直接与学生交流,了解学生的感受,学生作为教学对象,他们对教学过程的感受最客观、真实,教师总结学生的意见或建议,对学生的切实需求加以了解,进行针对性教学与改善。

(2)在篮球课堂教学中,授课教师邀请其他教师旁听,听课教师对教学过程及学生面对不同教学方式的反应进行记录。

(3)授课教师在每节课结束后进行自我总结。回想学生面对不同教学内容与方法的反应,然后对教学计划进行调整与完善,让学生更加容易接受和掌握知识。

6.建立与完善教学评价体系

篮球教学方法优化组合的应用效果与教学评价体系有直接的关系。在篮球教学评价中,应将教师评价、学生评价等多种评价方式结合起来运用,不仅要看重教学结果,还要关注教学过程。篮球教学评价体系科学合理,则能有效促进学生的学习。在评价体系构建中,要适当地将个人评价升级为小组评价,将竞争模式转变为合作模式,鼓励小组合作学习,培养学生的团结意识与合作能力。另外,在每个教学阶段组织阶段性测验,对学生的学习情况要及时掌握,有针对性地指导个别学生存在的问题,让每个学生都能在原来的基础上获得最大程度的进步。

(四)篮球教学方法组合的评价标准

教师通过分析班级中男生和女生的成绩,对一套新的综合评价标准进行了制定。旧评价标准中低分段和高分段中两个分数之间的时间差都是 0.5 秒,新的评价标准对这一现象进行了改善,与人体体能的客观标准更加相符。新标准中低分段两个分数之间的时间差较大,因为在刚开始运动的阶段学生比较容易提高成绩。但随着不断靠近人体体能和运动极限,学生就很难提升成绩了。所以新的评分标准具有低分段达标成绩间距大,高分段达标成绩间距小的特征(表 4-2 和表 4-3)。①

表 4-2　半场运球往返上篮的两种评分标准对比②

分值	成绩(旧)	成绩(新)
15	31″0	28″0
14	31″5	28″7
13	32″0	29″6
12	32″5	31″0
11	33″0	32″6
10	33″5	34″4
9	34″0	36″5
8	34″5	38″6
7	35″0	40″4
6	35″5	42″5
5	36″0	44″6

①　张哲华.高中篮球教学方法的组合应用[D].辽宁师范大学,2017.
②　张哲华.高中篮球教学方法的组合应用[D].辽宁师范大学,2017.

表 4-3　投篮的两种评分标准对比①

分值	成绩（旧）	成绩（新）
10	10	10
9	10	9.8
8	10	9
7	9	8.3
6	8	7.6
5	7	7.0
4	6	6.3
3	5	5.6
2	4	4.8
1	3	3.9

二、篮球教学方法组合应用产生的诸多影响分析

（一）对学生学习兴趣和学习态度的影响

在篮球教学中采用合作教学法，能够使学生之间的沟通与交流增加，使学习氛围更加浓厚、和谐。学生处于这样的环境氛围中，学习兴趣和积极性也会提高，而且在课后或者校园体育文化活动中，学生也会积极参与篮球项目的相关活动，对篮球运动的动作、战术和规则不断熟练掌握。

篮球教学相比其他文化课程教学，较为灵活、轻松，这也导致学生上课时不能端正态度，敷衍了事甚至打打闹闹。但是通过应用篮球教学方法组合模式，可以调动学生参与课堂学习的积极性，使学生全身心投入学习和练习中，学生还能主动总结自身的问题，积极弥补缺陷，追求进步。

①　张哲华.高中篮球教学方法的组合应用[D].辽宁师范大学,2017.

（二）对学生学习热情的影响

当前，素质教育已经逐渐深入人心，素质教育理念要求学校教学不仅要给学生传授知识，还要对学生的个性、人际交往能力、解决实际问题的能力等综合素质进行培养。传统教学与评价对学生掌握知识的水平也就是学习结果过分重视，而组合多种教学法加以运用，并由此对新的评价体系进行构建，可以有效实现教学效果的最大化和学生提升的最大化。以科学合理的考评方式与标准来考核与评价学生，对比考核成绩和最初的诊断性测试成绩，可以发现学生明显取得了进步。获得进步的学生会更加信心十足地学习，学生的学习热情能够得到充分的激发。

（三）对学生掌握篮球知识和技能的影响

优化重组教学方法有利于促进学生更好地掌握篮球理论知识与基本技能。传统篮球教学中，教师先讲解动作要领，再示范，学生模仿，然后练习，整个过程是机械的，毫无新意，而且如果是教比较简单的篮球动作，那么基础好的学生就不会认真学习，注意力分散；如果教的内容有一定的难度，如重、难点教学内容，则基础较差的学生会跟不上节奏，无法迅速领会要点，逐渐失去学习的兴趣与信心。

篮球教师面对的班级学生各不相同，在篮球方面主要体现在基础水平不同、经验多少不同、兴趣爱好不同等，对此，可在篮球教学中同时采用分层教学法和游戏教学法，使不同层次学生的学习需求得到最大限度的满足，使基础较差的学生产生篮球学习兴趣，使基础好的学生有机会获得更多的进步。在传授新内容之前，教师要强调提前预习的重要性，学生提前预习可对所学内容形成感性认识，在课上认真听教师的讲解和观察教师的示范后，这种感性认识会增强，然后通过自己的不断练习，对篮球的认知可由感性认识上升到理性认识。在情境教学中，学生尝试教师角色，指导与帮助基础较差的学生，能够将篮球技术动作更牢固地掌握。

（四）对班级凝聚力的影响

微型课堂、小组学习、合作学习等是学生掌握学习内容、完成学习目标的几种主要方式。学生在合作学习的过程中，不断交流、互动，相互帮助，出现积极正面的心理活动。在小组合作学习中，学生一方面要实现个人学习目标；另一方面还要与小组其他同学相互配合，共同努力，以完成小组学习任务和目标，因此作为小组成员，每个学生都要承担起相应的责任，履行相应的义务，这能够让学生认可发现的价值和意义，使学生产生成就感、满足感，并更加积极地学习，活跃班级气氛，提升班级的凝聚力。

（五）对学生综合运动能力的影响

篮球运动的每个动作看起来都是连贯、流畅的，看似简单易学，实际上当亲身参与其中就会发现不容易掌握这些动作。学生的动作质量良莠不齐，与个人身体素质、心理素质、练习时间、练习方法等诸多因素有关。优化组合教学方法能够使这些因素的积极作用得到最大限度的发挥，同时将这些因素的不利影响降到最低，使学生身心素质得到提高，并在良好身心素质的基础上通过科学的练习方法去学习和掌握篮球技能，进而提高综合运动能力。

（六）对学生课堂满意度的影响

传统篮球教学方式以灌输为主，尽管这也能使学生学有所获，但是无法得到学生的认同。而在篮球课堂教学中优化组合多种教学方法，可使学生掌握课堂主动权，学生经过自己的努力，同时在教师的指导和同学的帮助下，慢慢靠近预期目标，心理满足感油然而生。这可以使学生对课堂的满意度不断提升，进而激发学生的学习热情，提升学生学习的自主性，提高课堂教学效率。此外，在情境教学法的实施过程中，学生通过角色扮演，可以对篮球技术动作有更深入的体会，同时体会教师的不易，从而在以后的学习中更好地配合与协助教师完成教学目标。

(七)对学生学习成绩的影响

优化组合教学法并不是简单罗列或叠加几种不同的教学方法,而是在全面分析教学内容和学生需求的基础上适当选择几种科学合理的教学方法,在不同教学阶段或针对不同教学内容、不同学生而采取相应的教学方法,如此便能取得 $1+1>2$ 的教学效果。教师提前筹划与设计课堂上的每个环节,对学生可能遇到的问题都要提前考虑,这样能大大提高课堂教学效率。同时,这种教学模式能增强学生的感性认识,提升学生的理性认识,确保学生掌握每项教学内容。学生经过如此良性循环,学习成绩会显著提高。

三、提高篮球教学方法组合应用效果的建议

(1)在篮球课堂教学中,教师要对教学内容、学生身心素质、学生运动水平进行充分分析,从实际情况出发选择合理的教学方法,并优化组合加以应用。教师要充分了解不同层次学生的需求,进行针对性教学,并在评价环节制定新标准,构建新的指标体系,提高评价的效果。

(2)在对不同教学方法进行优化组合之前,教师要对各个方法的用途、优劣进行分析,还要深入研究篮球教学内容,从而充分发挥不同教学方法的作用。此外,教师不仅要完善自己的篮球专业知识,还要对交叉学科和辅助学科的内容加以学习,不断充实自己,提高综合素养,从而更好地教育学生,让学生对每一个知识点的了解都很透彻。

(3)篮球教师要对篮球教学内容进行分类,针对不同类型的教学内容选用相应的教学方法,还可以创造新的教学方法,将传统教学法与新方法结合起来运用,取长补短,提高教学效果。

第五章 校园篮球课程教学中学生学习行为分析与方法指导

篮球教学的效果不仅取决于教师的"教",还取决于学生的"学",新课程标准要求教师在实践教学中,体现学法指导的重要性,因此在篮球课程教学中,要从注重教师的"教"转为更加关注学生的"学",帮助学生掌握更多学习的方法,让学生自主学习,从而锻炼学生的创新思维、独立思考能力,提升其综合素质。本章主要研究校园篮球课程教学中学生学习行为与方法,包括学生篮球课程学习行为分析、不同年龄阶段学生的体育学习方法、学生篮球学习方法的新尝试、教师对学生篮球学习方法的科学指导以及篮球课程教学中学生良好学习行为的培养。

第一节 学生篮球课程学习行为分析

一、篮球课程教学中学生的学习动机分析

理论上而言,动机是引起学习行为的必要条件,对学生来说,只有先产生了动机,才会学习篮球课程,这是必不可少的动力因素。学生对篮球的认知、学习态度、学习效率和最终学习效果在很大程度上由学习动机决定。

学生的学习动机是多元的,关于这个问题,有关人员对学生进行了问卷调查,结果见表5-1。

表 5-1　学生篮球学习动机调查(n＝114)①　　　　单位:%

学习动机	选择比例
强身健体	25.44
提高心理素质	9.65
缓解学习压力	7.02
应付考试	21.05
满足兴趣爱好	35.09
提高社会适应力	1.75

从表 5-1 来看,学生学习篮球课程主要是为了强身健体,满足兴趣爱好,考试过关,选择数分别占总数的 25.44%、35.09% 和 21.05%,这说明学生比较重视自身健康和兴趣爱好的满足,也说明学生对篮球教学在强身健体、满足兴趣爱好方面的功能与作用比较认可。为了应付考试而学习篮球的学生也比较多,这部分学生学习动机不端正,没有认清篮球运动的本质,学习的态度也是消极的,这会导致他们被动参与篮球学习,学习效果较差。

此外,也有一些学生为了缓解学习压力、提高心理素质水平和提高社会适应能力而参与篮球学习,这部分学生比较深刻地掌握了篮球教学的精髓,他们通过篮球运动来引导心理发展、调节压力、增强协作能力,从而为适应社会生活打好基础。

总之,调查结果表明对篮球教学及其重要作用有正确认识的学生占绝大多数,对篮球深层内涵有所领会的学生也有少部分,但也有一部分学生对篮球教学的功能认识不到位,被动学习,对篮球教学的组织实施有不利影响。

学生学习篮球课程的动机有很多,其中最重要的是满足兴趣爱好,学生只有对篮球运动感兴趣,才会主动学习和探索,自觉体验篮球运动,逐渐掌握篮球知识和技能,并实现身心健康、思维拓展、技能提高等综合素质的发展。

---

① 张云龙.黑龙江省普通高校篮球教学现状调查研究[D].哈尔滨工业大学,2013.

二、篮球课程教学中学生的学习态度分析

从心理学角度来看,态度是一种心理,它对人的行为有直接的影响,人们往往用态度决定行为。学生的学习态度是认识与行为的综合体现,在篮球教学中,学生的学习态度直接影响他的学习行为、运动行为等。

通过调查学生对篮球课程的学习态度发现,自认为学习态度积极的学生只有 27.19%,自认为学习态度一般的学生有 53.51%,占一半多,而自认为学习态度不积极的学生有 19.30%(图 5-1)。总体而言,学生态度不太积极的学生占绝大多数,这也导致他们学习的主动性较差,学习效果不理想。

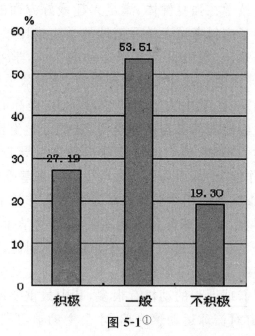

图 5-1[①]

进一步调查发现,学生学习态度不积极的原因主要有以下

① 张云龙.黑龙江省普通高校篮球教学现状调查研究[D].哈尔滨工业大学,2013.

几点。

第一,学校篮球设施落后,学生在参与的过程中体验不佳,所以学习的积极性较差。

第二,篮球课堂上教师所选的教学内容单调,理论知识尤其枯燥,教学死板,教学方法不灵活,所以学生在学习中提不起兴趣,学习积极性减弱。

第三,篮球教师的篮球素养与教学能力比较有限,部分教师没有深刻理解篮球运动的价值,对篮球运动也没有表现出极高的热情,所以对学生造成了不好的影响,导致学生不能很好地理解篮球精神,也学不好篮球知识和技术,因为学生学起来没有自信。

第四,学生的思想、价值观、行为方式等都会受到社会环境的影响,社会上的那些不良风气干扰了学生的思想,导致学生不管学什么,态度都不端正。

三、篮球课程教学中学生的学习策略分析

(一)学习策略概述

学习策略是学生在学习过程中有效学习的规则、方法、技巧及其调控。外显的学习策略主要表现为学习程序与学习步骤,内隐的学习策略主要体现为学习规则系统。[1]

策略包含认知策略、元认知策略和情感策略三种具体形式。其中处于基础位置的是认知策略,处于最高位置的是元认知策略,属于支持性策略的是情感策略。

1. 认知策略

这是识别、理解、保持和提取知识的过程。

---

[1]　张德旺.浙江省金华市高中生篮球课程学习行为研究[D].北京体育大学,2014.

2. 元认知策略

这是体验和监控自己的认知过程的策略。还可将位于最高位置的元认知策略细分为以下三种类型。

(1)计划策略

学生提前设计与安排自己学习目标和学习过程的策略就是计划策略，主要目的是明确学习目标，了解重、难点内容和可能遇到的问题，提高学习的针对性，避免盲从学习。

(2)监控策略

学生在学习过程中参照目标有意识地监控自己的学习进程、学习方法以及学习效果的策略就是监控策略。学生可以进行自我监督，也可以让同学与教师来监督，不管是自我监督，还是他人监督，都要及时通过反馈来调整学习状态。

(3)调节策略

学生为达到最佳学习效果而依据反馈信息调整自己学习计划的策略就是调节策略。学生通过反馈可以认识到自己的不足，了解自己采用的学习策略中有哪些是不合理的，有哪些对学习效果是没有帮助的，从而进一步筛选学习策略，改善自己的学习行为。

3. 情感策略

这种策略主要受动机、态度等因素的影响。

(二)学生学习篮球理论知识的渠道

调查发现，在篮球理论知识学习方面，课堂学习并不是学生的主要学习渠道，网络媒体才是，而且越是高年级的学生，越喜欢采用网络资源来学习篮球知识。图书馆是学生学习篮球知识的传统渠道，当代学生采用这一渠道的现象在减少，主要原因是现在是信息时代，学生利用网络媒体资源来获取自己需要的信息是非常便捷的。

篮球教学以技术为主,理论知识往往都是穿插讲解或一带而过,图书馆又缺少这方面的书籍,而且查找起来比较耗时,因此学生会选择更先进、快捷的渠道来获取篮球相关知识。

篮球教师要重视篮球理论教学,并将有效的学习渠道推荐给学生,丰富学生对篮球的认知,提高学生的篮球理论素养,为篮球技术学习打好基础。学生要自觉利用网络资源学习篮球知识,不断充实与完善自己。

(三)学生掌握篮球技术的途径

调查发现,课堂学习、课后练习、课后活动等是学生学习与掌握篮球技术的主要途径。学生在技术学习中,对枯燥的基本练习方式产生了疲劳感,喜欢带有竞争性和刺激性的对抗比赛,但在选用练习方法时,目的不明确,所选方法不符合学习目标。

为了提高学生学习与掌握篮球技术的效果,教师要重视对多元化学习方式的设计与优化,鼓励学生参与丰富多彩的篮球活动,对学生的自主学习能力和实践能力进行培养。教师在课堂教学策略的设计中,应对不同阶段的教学目标、教学内容及教学要求进行综合考虑,灵活设计,鼓励学生自主学习,提高学生参与的主动性,使学生在亲身参与中体验篮球的魅力。

为帮助学生更好地掌握篮球技术,需从以下几方面努力。

第一,成立学习小组,以学生为主体开展教学工作,对学生自主学习与小组合作学习进行引导,使小团体与个人的作用得以充分发挥。比如在掩护配合教学中,教师将基本动作要领讲解完后,先让学生根据自己的观察与经验来讨论,发挥想象力,然后各小组同时进行练习。如果学生在练习中找到了适合自己的掩护配合方法,要及时与同学和教师分享,教师在判断该方法可行后要对学生的自主学习行为加以肯定,并鼓励其他学生找到更多的配合方法。小组学习方式可以使学生更积极地学习,增加学生之间的交流互动,给学生独立思考的空间,使学生形成良好的合作意识与能力,并养成自主学习的好习惯,同时这也是对学生学习动机与实践运用能力进行培养的好方法。

第二，教师要善于运用情境教学法，如对一些比赛情境进行设置，或提出一些关于篮球技术的问题，启发学生思考。学生只有善于动脑和思考，才能有所收获，提高学习效果。教师提的问题要与篮球技术有关，有一定认知梯度，设置情境要与学生熟悉的优秀篮球运动员有关，在这个基础上启发学生思考，并引导学生对所学动作有深入了解，明确在何种情境下可运用所学动作。例如，在持球突破技术的教学中，教师先播放篮球明星参加比赛的精彩视频，让学生重点观察球星如何突破、有哪些动作变化以及突破技术运用于哪些防守情况下等，学生观看视频的过程中，高度集中注意力，学习热情高涨，观看后跃跃欲试，主动参与练习。通过创设问题情境或其他情境，可将学生的求知欲有效激发出来，并使这种兴趣维持较长时间。创设比赛情境也是一种有效的方法，如在比赛中处于劣势时，要采取哪些战术扭转局面，教师具体分析各战术的运用情况，然后让学生自主练习，指出学生在实际运用中出现的问题，有效提高战术练习效果，提升学生对篮球比赛的认识。

第三，鼓励学生自创练习方法。在篮球技术教学中，学生习惯在教师示范之后做模仿练习，也就是按教师的练习方法进行练习，教师也没有意识到应该创造一些更适合不同篮球水平学生的练习方法。学生长期模仿教师的方法进行练习，难免会觉得单调枯燥，失去兴趣和积极性。事实上学生练习的方法有很多，除了课堂上教师演示的方法，学生还能从多种途径学到有用的练习方法，只有练习形式丰富多样，学生才会一直保持较高的积极性和较浓的兴趣，才会取得较好的练习效果。学生在篮球学习中只有将自己的主观能动性充分发挥出来，主动寻找适合自己的练习方法并长期坚持，才能获得更大的进步与发展。例如，在弹跳力练习中，教师示范一种常规练习方法，学生根据自己的知识与经验提出自认为比较好的两种练习方法，然后分组练习，三种练习方法各尝试一次，对比练习效果。在篮球课堂上，教师要给学生留出一定的时间或提供机会让学生主动表现,在学生对练习方法进行自主创编与设计时,教师明确提出创编要求,准备好必需的器材,让学生按要求创编,创造性地进行练习。这样能提高学生的兴趣与积极性,并获得良好的练习效果。学生自主设计、自主学习与练习还能不断提高知识运用能力和创造能力,这也是自主学习方式的一个显著优势。

第四,让学生从被动学习转变到主动学习。在篮球教学过程中,教师不能对学生的创造性进行过多束缚,要尽可能让学生按自己的思维去自主学习,教师主要起指导作用,关键是要学生学会学习,掌握学习方法,对其学习能力进行培养。以全场紧逼战术教学为例,教师采用多媒体手段播放相关教学视频,根据视频内容分析全场紧逼战术的特点,并将位置示意图详细画出。然后分组,一般分成两个练习小组,各小组练习时,教师主要发挥协助、指导和纠错的作用。学生通过自主练习,能够对全场紧逼战术的分工和具体打法有清楚的认识。这种教学方式可以转变传统上学生被动学习的方式,让学生主动学习,不断提高学习兴趣,刺激上进心,使学生更好地掌握学习内容。教师要辅助学生,及时指出学生的问题并帮助其改正,提高学生的学习质量,使学生更好地完成学习目标。

(四)监控策略的运用

在运用监控策略时,很多学生都会让同学、朋友来监督与帮助自己,可见同学之间能够产生较大的影响力。除同学、朋友外,教师也是主要监督者,因为学生在学校教育环境下和教师、同学的联系最为密切。

在篮球教学中运用监控策略,要重视培养学生的元认知能力。学习是一个认知过程,这个过程包含的因素有感知、注意、记忆和理解等。对元认知能力的培养往往被教师和学生忽视,缺乏元认知能力的学生在篮球学习中很难对自己的学习过程进行调节或控制。从元认知角度来看,学生的篮球学习活动不仅是识别、加工和理解的过程，还是自我监控和调节的过程，在自我监控与调节中，还需要他人协助。可以说在学习策略中，元认知是最有效的核心体现。

学生在长期学习中积累的学习经验是其元认知能力的主要体现，但只靠积累学习经验来提高元认知能力是不够的，教师需要对学生这方面的能力进行指导与系统的训练，对学生在自主学习中养成的不良行为习惯予以纠正。在篮球教学中，学生如果拥有良好的元认知能力，那么其就能够对自己的智力特点有清楚的认识，并能以学习任务、要求为依据对适合自己的学习计划与方案进行设计，在自我学习过程中可以较好地监控与调节自己的学习行为，并主要向他人寻求帮助，根据学习效果和相关反馈信息对自己的学习计划方案及时进行调整和修正，主动改正不良学习习惯，不断提高学习效果。这样的学习方式是明确的、自主的、有效的，与传统上盲目的、低效的学习模式完全不同，可见元认知学习策略的重要性。为充分发挥这一学习策略的作用，需做好以下几方面的工作。

1. 对学生的反思习惯进行培养

学生通过反思，可以对自己的学习过程、学习思维方式以及学习方法有清楚的了解，并发现自己的不足，有针对性地进行自我调控。学生还要反思自己的技术动作，如在学习假动作时，思考为什么身体重心不能太高？应该怎么协调头、肩及手臂的动作？怎么样做效果更好？教师要引导学生反思与讨论各种技术动作问题，使学生养成自觉反思的习惯。

2. 指导学生自我评价

学生从实际情况出发，参照之前制定的学习目标，对比学前和学后的自己，看自己是否取得了进步。一味与其他同学作对比是不可取的。学生要善于自我总结，肯定自己的进步与成绩，正视自己的不足，对那些影响学习效果的不良学习行为要及时改正,总结时不能只是简单地归纳与整理动作技能,还要设定新的学习目标。教师要指导学生对学习策略及时调整与不断完善,探索新的学习方法,并对学生的学习态度与学习习惯给予更多的关注与重视。

3.指导学生自我奖惩

指导学生建立自我激励机制,使学生的主观能动性得到最大限度的发挥,学生从自身情况出发对分目标进行设定,再选择符合自身条件和可以落实的自我奖励方式,如休息奖励、物质奖励等。当完成一个小目标时,给自己适当的奖励,这有助于促进学生学习行为的不断强化,让学生通过坚持不懈的努力而取得更大的进步与优异的成绩,同时促进学生自主学习能力和自我监控能力的提高。

四、篮球课程教学中学生的学习习惯分析

(一)学生在篮球课前的准备情况

在篮球课堂教学中,学生的学习效果与其课前准备有很大的关系,课前准备充分,学生容易跟上教师的讲课节奏,从而完成学习任务,达成学习目标。调查发现,很多学生课前不做准备,课上完全被动学习,课前充分准备的学生非常少,可见学生预习意识不强,没有认识到课前预习的重要性。

在新学期的第一节篮球课上,教师要明确指出本学期的教学目标,然后引导学生根据教学目标对自己的学习计划进行制订,学习计划中要包括学习内容、学习方法、学习阶段与时间安排、监控策略等。这样学生就会在每节课之前做一些有针对性的课前准备。

在每节课后,教师都要告知学生下节课要教什么,提前布置一些学习任务,让学生自己查找资料,或与其他同学交流讨论,做

好充分的准备,第二节课上教师先查问学生,然后开始正式讲课,这能够有效提高课堂教学效率,使课堂教学更有深度。

(二)学生在篮球课后的练习情况

1. 学生在课后是否参与篮球练习

在篮球教学中,练习是不可忽视的重要学习方式,是学生掌握篮球技术的必要手段,学生只有坚持练习,才能熟练运用篮球技术,学会团队合作,将自己的优势发挥出来,提升自己的篮球运动能力和综合素养。

学生课后参与篮球练习的现状如图 5-2 所示。

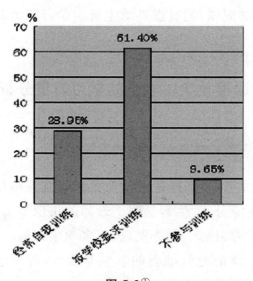

图 5-2①

调查结果显示,在课后主动参与篮球练习的学生有 28.95%,他们对篮球运动比较感兴趣,而且也有一定的基础能力,希望通过不断的练习来提高自己的篮球运动能力和技能水平,同时获得

① 张云龙.黑龙江省普通高校篮球教学现状调查研究[D].哈尔滨工业大学,2013.

身心健康发展。

在空闲时间按学校或教师要求参与篮球运动练习的学生有61.40%，这部分学生只是为了完成教师布置的任务，自觉性和自主参与意识较差，对课后练习的重要性缺乏充分的认识。

此外，课后完全不参与篮球练习的学生有9.65%，这部分学生的篮球意识薄弱，缺乏对篮球运动的兴趣，也没有认识到篮球运动对身心健康的重要性，所以不参与课后篮球训练，只在课上被动学习一些基本知识与技术。

总体而言，学生在课后参与篮球训练的意识不强，态度不积极，没有养成好的习惯，造成这个问题的原因主要如下。

第一，学生的文化课较多，学习压力大，参与篮球训练及其他体育活动的时间被挤压。

第二，学生自认为没病就是身体健康，不需要通过篮球锻炼来强健身体。

第三，学校篮球基础设施有限，学生的训练需求得不到满足，所以训练的热情逐渐减退。

2.学生在课后参与篮球练习的时间

学生在课后的篮球练习效果与其练习时间有直接的关系。调查发现，参与课后篮球练习的学生中，每次练习时间为30～60分钟的学生占较大的比例，每次练习时间小于30分钟的占少数，每次练习时间大于90分钟的也有少部分。从调查结果来看，学生课后参与篮球练习存在以下两个问题。

第一，次数少，时间短，这也是学生篮球基础不牢固、技术动作不熟练的主要原因。

第二，次数多，时间长，课后用太多的时间参与篮球练习，会对文化课的学习造成不好的影响，而且也容易导致身心疲劳。

针对上述问题，学校和教师要对学生的课后篮球练习进行恰当的指导，调整各个班级的活动课时间，合理安排各年级、班级的篮球练习时间，每天要求不同的班级参加篮球活动，严格检查，保证质量。为了满足学生的练习需求,还要合理分割篮球场地,配备充足的设备,充分发挥学校篮球场地设施的作用。

在篮球学习与练习中,运动记忆方法发挥着非常重要的作用,教师要注意加强这方面的训练,有效指导学生。学生必须依靠运动记忆才能将篮球动作技能熟练掌握,并对各种动作技能的变化有所了解,逐步达到熟悉的程度。在动作记忆强化训练方面,需注意以下两个要点。

第一,对规范的篮球技术动作要有正确的认识,对影响有效记忆的主要因素有充分的认知。以良好的心态去学习篮球动作技能,并注意体会篮球技巧,理解每个动作的技术原理,相比于机械记忆,在理解基础上的记忆更深刻,效果更好。对比规范动作记忆与大脑中错误的动作表象,进一步加深对正确动作的记忆,通过反复练习来巩固记忆,熟练掌握篮球技术。

第二,了解复习的重要性,通过复习来对抗遗忘。运动学习的遗忘规律在很大程度上不同于文字学习的遗忘规律,相对来说,和文字信息的遗忘规律相比,肢体运动的遗忘规律要慢一些。"先快后慢"的遗忘规律是在艾宾浩斯遗忘曲线中揭示的,在篮球教学中,教师要根据学生的理解能力将这个规律介绍给学生,使学生明白巩固练习和复习的重要性,并依据这个规律来合理安排巩固练习的内容与时间,在遗忘之前及早巩固所学的篮球知识与技术,增强对篮球技能的记忆,并保持更长的时间。

第二节　不同年龄阶段学生的体育学习方法

青少年学生的身体和心理发育会随着年龄的变化而变化,不同年龄段的学生在身心发育速度、身心特征上是有差异的,这在一定程度上决定了不同年龄段的学生采取不同的方法进行学习,在体育学习中同样如此。

下面主要以 14 岁为分界线来重点分析两个年龄段学生在体

育学习中采用的不同学习方法。

一、年龄在 14 岁以下学生的体育学习方法

年龄在 14 岁以下的学生,大脑活动中占优势的是第一信号系统,第二信号系统还没有完全发育,他们的直观思维能力明显要比抽象思维能力强,喜欢模仿,还不具备较强的联想推理能力,这决定了他们在体育学习中以直观方法为主,具有代表性的是观察法、练习法。

(一)观察法

这一年龄段的学生从外界获取知识主要靠视听觉。观察法主要就是利用视觉器官和听觉器官的学习方法。在体育课学习中,他们主要对教师、学生的示范进行观察,同时也会观察手机、电脑、电视、放映仪等媒体上的示范。但不同的学生因为个性不同而在观察时注意点不同,即使是对同一个教师的示范动作进行观察也是如此。有的学生对动作结果比较关注,如速度、远度;有的学生更关注动作过程;也有的学生对动作中的某个细节比较关注,如身体各部位的姿势等。

学生靠听觉进行学习时,信息获取来源如下。

(1)教师的讲解、命令、提示、口哨等声音信息。

(2)学生的讨论、评价等声音信息。

(3)自我暗示信息。

(4)电子教学设备的声音信息。

学生不管学习什么体育知识,都要在一定程度上依赖观察法,这是基础方法。需要注意的是,体育动作技能的本质是身体练习,所以学生在观察后要亲自参与练习,以模仿练习为主,这样才能掌握体育动作。

(二)练习法

练习是在观察的基础上进行的,具体练习方式与学生的性格

有关。

（1）性格外向的学生喜欢当众练习，以表现自己。

（2）性格内向的学生喜欢在安静的环境下独自练习，不习惯被太多的人关注。

（3）好胜性格的学生喜欢通过比赛的形式来练习，在比赛中获胜能够使他们获得满足感。

总体上，这个年龄段的学生对动作的外在更关注，而对动作的协调性、规范性及身体感觉不太关注。

二、年龄在 14 岁及以上学生的体育学习方法

14 岁及以上的学生和 14 岁以下的学生相比，第二信号系统获得进一步发展，抽象思维能力和联想推理能力不断提高，第一信号系统和第二信号系统之间建立了更加完善的联系，在体育学习中，这个年龄段的学生更重视抽象思维和内部信息。所以多采用意象法和反思法来学习。前者主要用于学习体育知识，后者主要用于练习动作。

（一）意象法

学生在观察的基础上大脑中感知动作的方法就是所谓的意象法。学生如果在练习之前，头脑中有关于动作方法的表象，也就是技术"痕迹"，那么在练习过程中激活这些"痕迹"就能够更快速、准确地完成动作了。学生只有通过观察动作而获取了相关信息，才能在大脑中想象自己做动作时是什么样子，并巩固动作细节及示范者所强调的动作重点，为正式练习做好思想准备。

动作技能是在多种感觉机能的参与在大脑皮层有关中枢间建立的暂时的神经联系。当学生初学一个新动作时，采用表象练习法有助于迅速掌握动作，在两次练习课之间通过表象法可以有效巩固头脑中有关中枢间建立的暂时的神经联系，从而提高练习

效果。①

（二）反思法

反思法是学生反思自己练习时动作技能的完成情况。这一年龄段的学生有较为丰富的运动体验，掌握了较多的动作技能，且有较强的思维能力，通过反思能够对不同技术动作之间相似的地方有所了解，从而使自身的技术水平得到提高。例如，学生将排球扣球技术掌握后，再对羽毛球扣球技术进行学习时，通过反思可以发现这两种扣球技术在用力顺序上有相似的地方，从而将羽毛球扣球技术更快掌握。

学生通过反思也可以改正自己的不足，经过反思与改正的良性循环，学生的动作技能会越来越稳固、准确、规范。

第三节　学生篮球学习方法的新尝试

一、自主学习法的尝试

学生从课程目标、自身情况出发对适合自己的学习目标进行制定，并努力完成学习目标的学习方法就是自主学习法。学生自主学习的过程中离不开教师的引导和帮助。

传统教学主要是"授人以鱼"，而现代教学观倡导"授人以渔"，自主学习法就体现了这一点。自主学习能够促进学生主体意识的增强，使学生从被动学习向主动学习转变，学生经过自己的坚持和努力而顺利完成学习目标，获得成就感，提升自信心。自主学习也是一种终身学习方法，能够为终身体育锻炼奠定基础。

---

① 王腾.浅析不同年龄阶段学生的体育学习方法[J].教育教学论坛，2011(9).

二、探究性学习法的尝试

在篮球教学过程中,教师要充分发挥自己的主导作用,重视学生的主体地位,将主导与主体的关系处理好。教师要善于将学生的主体参与意识调动起来,使学生的主体作用得到充分发挥,使学生主动探究篮球知识,学习篮球技能。这就要求篮球教师在教学中适当放手,给学生自由的空间与表现的机会,鼓励学生去探究和尝试新鲜事物,激发学生的主动性,开发学生的潜能,促进学生探究能力与实践能力的提高。学生通过自主探究、与同学的讨论以及亲身实践,不但可以将篮球动作要领牢牢掌握,还能开阔视野,开发思维,掌握解决问题的技巧。

三、合作学习法的尝试

在篮球教学中,教师会对竞争做一些有意或无意的强调,而对培养学生的合作意识与能力却不够重视。篮球教师会设置一些简单的比赛来锻炼学生的竞争能力,但忽视了学生个性的培养,而且教师往往关注竞争中的获胜者,较少关注失败者,这些问题影响了学生的身心健康与全面发展。篮球是集体项目,竞争也是团体合作式的竞争,所以培养学生的合作意识、人际交往能力非常重要。

在社会转型期,竞争与合作无处不在,二者相辅相成。采用合作学习法不但可以使学生体质增强,形成专业技能,还能使学生的合作意识增强,学会通过合作来提升自己的竞争力。合作学习法在篮球课堂上具体表现为小组合作学习,教师划分学习小组,各组成员之间相互合作,取长补短,为完成小组学习任务、达成小组学习目标而共同努力。

例如,在投篮技术教学中,划分学习小组,各组按顺序练习,然后自我反思、评价或与其他组进行对比,明确本组的优势与不足，发挥优势，分析问题产生的原因，对学习方法进行改进，不断提高小组竞争力与学习效果。

四、延伸性学习法的尝试

新课改对课程的延伸性较为重视，体育教学的延伸性旨在对学生的终身体育锻炼意识进行培养。延伸性学习方法也是一种独立自主的学习方法，老师在一旁辅导。通常，延伸性学习的内容和形式不受课堂限制，内容与形式选择上比较灵活。延伸性学习巩固了学生的主体地位，这从学生自我选择、亲身体验、主动参与、自我管理、自我评价等方面就能体现出来。教师要多鼓励学生积极参与校园篮球活动和社区篮球活动，使学生将课外、校外的学习资源充分利用起来，积极参与篮球活动，养成良好的锻炼习惯，从而促进身心健康和社会适应能力的提高，促进全面发展。

五、创新性学习法的尝试

在篮球教学中，采用创新性教学方法、学习方法及练习方法能够培养学生的创新精神和实践能力，传统教学只是为了完成"教学生学会"的任务，而现代教学要使学生在"学会"的基础上"会学"。这就要求教师不断引导学生掌握新的学习方法，教师自身也要不断更新教学方法，使学生对篮球课保持新鲜感，积极学习，这样学习效果才能更好。

"填鸭式"教学方法已经不能满足社会对创新人才的需求，只有不断改革教与学的方法，创造新方法，才能培养出创新人才，学生的智力与能力也才能全面得到提高。学生经常采用创新性学习法，其独立性、自主性、创造性都会得到显著增强。在学生创造性的自主学习过程中，教师要巧妙引导，合理安排篮球教材内容，对有助于学生创造性思维发挥的教学模式进行构建，从多方面培养学生的创新能力，落实素质教育的要求。

第四节　教师对学生篮球学习方法的科学指导

一、从篮球教学任务出发进行指导

篮球教师要结合篮球教学的任务对学生的学习方法进行全面指导,帮助学生选择有利于完成学习任务的学习方法,让学生对篮球知识和技能有更好的掌握。

二、从篮球教材内容出发进行指导

在篮球教学中,教师采用什么方法教,学生采用什么方法学,要视教学内容而定。学生学习不同难度的篮球知识与技能,会产生不同的兴趣,学习的速度也会有差异。篮球教师应结合具体教学内容来选用教学方法,并指导学生采用相应的学习方法,使学生有针对性地掌握不同教学内容。

三、从学生个体差异出发进行指导

篮球教师必须立足教学实际和学生个体差异进行学法指导。每个学生都有自己的独特性,不同学生的身体素质、气质类型、兴趣爱好、技术基础等或多或少都存在差异,因此造成了学习方法上的差异。教师在学法指导中,需要对学生的实际情况进行全面考虑,有针对性地实施对每个个体的指导。例如,针对基础较差的学生,教师可指导其采用理解思维学习法、对比学习法等学习方法进行学习;针对篮球基础较好的学生,教师可指导其采用目标学习法、创造学习法等进行学习。

总之,教师要结合篮球教学目标、教学任务、教学内容、教学环节以及学生个体差异来对学生的学法进行选择和指导,避免学生对学习方法的盲目套用,要引导学生从自身实际出发确立学习目标,选择能够有效实现目标的多元学习方法。

第五节　篮球课程教学中学生良好
学习行为的培养

一、对学生的学习动机与兴趣进行培养

对学生来说,再好的老师和教材也比不上"兴趣",这才是最好的老师。在篮球课程教学中,教师首先要激发学生学习的动机,培养学生学习的兴趣,让学生出于对这项运动的热爱而学习篮球技能和参与篮球锻炼,并在日常体育锻炼中,将篮球作为首选内容,使这项运动成为学生生活的一部分,使学生将参与篮球锻炼作为一种健康向上的生活方式。

二、对学生运用学习策略的能力进行培养

篮球教师在给学生传授知识与技能的同时要培养学生的学习能力,使学生知道可以通过什么途径获取知识,这样即使没有教师的指导,学生也能从容应对,自主学习。对学生来说,掌握学习策略比掌握教师传授的知识更重要,只有将各种有效的学习策略熟练掌握,学生才能在自主学习中迅速获取知识。在培养学生学习能力的同时,要针对学生的个体差异进行针对性指导,找到适合不同类型学生的学习策略,并引导学生在实践中应用这些学习策略,减少学生自主学习的随意性和盲目性。为了使学生更好地运用各种学习策略,教师还要注意培养学生的情境化能力和迁移能力,从而不断提升学生运用学习策略的能力和技巧。

三、对学生的个性化差异予以尊重

在篮球教学中,教师对学生的指导要体现个性化、差异化,因为每个学生都是不同的个体,只有在承认差异、尊重差异的基础上进行指导,才能使每个学生都获得进步。教师应及时反馈学生的篮球学习情况,让学生对自己的优点、不足有明确的认知,并帮助学生改正缺陷,提高学习效果。

四、对学生良好的学习习惯进行培养

篮球运动在促进身心健康发展、培养社会适应能力、陶冶情操以及提升综合素质方面发挥着举足轻重的作用。而只有学生长期坚持参与这项运动,这些作用才能实现。良好的学习和锻炼习惯是篮球多元功能与价值得以实现的重要保证。教师要加强对学生良好学习习惯的培养,使篮球运动真正融入学生的日常生活。

第六章 校园篮球人才培养模式与路径探究

随着《教育部办公厅关于校园篮球推进试点工作的通知》的下发与实施,我国校园篮球进入了新的发展时期。如何在新时期下用"体教结合"的体育观念深化改革,形成一个科学、完备、可持续发展的校园篮球后备人才培养体制,以推动我国篮球运动的发展,是当前需要我们重点研究的课题。本章主要就校园篮球人才培养模式与路径展开研究,主要内容包括我国校园篮球人才培养现状分析、新视角下校园篮球人才培养体制与模式的完善、校园篮球人才培养的科学路径及新趋势。通过此研究来推动新时期我国校园篮球试点工作的进行,为我国篮球后备人才的培养及可持续发展提供重要的智力支持。

第一节 我国校园篮球人才培养现状分析

一、校园篮球运动员的训练情况

(一)训练动机倾向

校园篮球运动员参加篮球训练的动机是多样化的,出于自身对这项运动的兴趣与热爱而参与篮球训练的运动员高达82.11%。随着我国经济的发展和居民生活观念、生活质量的改变,人们对健康的需求越来越强烈,调查结果显示,为了锻炼身体,提高身体健康水平而参加篮球运动训练的学生达 70.9%（表 6-1）。

表 6-1　校园篮球运动员参与篮球训练动机调查（n＝436）①

训练动机	人数（人）	比例（%）
兴趣爱好	358	82.11
锻炼身体	309	70.9
想成为优秀运动员	83	19.04
认为自己有发展潜力	126	28.9
崇拜篮球教练	25	5.73
文化成绩差,希望寻求新的发展出路	22	5.05
父母的决定	12	2.75
想升学时加分	91	20.87
篮球教练的鼓励	13	2.98
其他	15	3.44

校园篮球运动员参加篮球训练动机的多样性为篮球教练员制订篮球训练方案提供了重要的现实依据,教练员必须针对运动员的实际需求来制订训练方案,在资源配置、训练内容及方法方面做到区别对待。避免单一的训练和管理模式造成的资源浪费。对于发展潜力大的学生运动员,要提供更充足的训练机会,从而促进校园篮球后备人才培养效果的提升。

（二）训练时间、次数

对校园篮球后备人才的培养需要长期坚持与科学开展训练工作才能取得理想的效果,要先将训练计划制订好,然后按照计划实施专业化训练。即使选拔的人才有很高的天赋,如果不坚持专业训练,也不会使这些后备人才最终成才。所以,在校园篮球

---

① 王偲又.乐山市中学篮球运动后备人才培养现状及发展对策研究[D].重庆大学,2016.

后备人才培养中,篮球运动员的训练质量要得到高度的保证,训练质量与训练时间有直接的关系。没有训练时间或训练时间少,则预期的训练目标也很难实现。

通过问卷调查发现,每周5天或5天以上的篮球训练时间在很多学校都是可以保证的,但每天训练次数和时间都比较少,每天训练时间的充足性得不到保证,这严重影响了校园篮球运动员运动水平的提高。

(三)训练年限

在调查的这些学生运动员中,虽然都有一定的训练基础,但训练年限不同,所以训练效果也参差不齐。学生运动员训练的年限从1年到5年以上不等,各个时间段的选择比重是有差异的,受训时间有较大的跨度。43.35%的学生运动员训练时间不足2年,仅有5.96%的学生运动员训练时间超过5年,大部分运动员的训练时间集中在2年左右(表6-2)。

对于训练年限不同的学生运动员,如果以统一的训练方案来对其进行训练,显然效果不会令人满意。值得高兴的是,学生篮球运动员大都是有一定训练基础的,这为教练员制订训练方案和实施管理提供了一些便利。

表 6-2　校园篮球运动员训练年限调查(n=436)[①]

训练年限	人数(人)	比例(%)
<2年	189	43.35
2~3年	153	35.09
3~4年	38	8.72
4~5年	30	6.88
>5年	26	5.96

① 王偲又.乐山市中学篮球运动后备人才培养现状及发展对策研究[D].重庆大学,2016.

(四)参赛情况

校园篮球运动员的日常训练效果如何,要通过他们在篮球比赛中取得的成绩来检验,在篮球运动训练中模拟紧张的比赛场景与氛围进行模拟训练也是非常重要的。篮球比赛是对篮球运动员的应变能力、抗压能力进行锻炼,提升运动员竞技水平的最佳训练方法和重要训练部分。本次所调查的校园篮球运动队几乎没有参加全国性篮球比赛的经历,只参加了一些省级篮球比赛、市级篮球比赛,而且整体次数较少,参赛经验还不是很丰富。

调查结果显示,超过10%的学生篮球运动员至今还未参加过有一定规模的篮球比赛。一半以上的学生运动员参加过1～2次上规模的篮球比赛,只有少数学生参加的比赛超过5次(表6-3)。

表6-3　校园篮球运动员参赛次数调查(n=436)[①]

参赛次数	人数(人)	比例(%)
0	47	10.78
1～2次	258	59.17
3～4次	98	22.48
5～6次	10	2.29
>6次	23	2.29

总体上学生篮球运动员参赛的次数较少,这与其学习压力大、学校组织的比赛较少等原因有关。学生运动员参赛经验少,也缺少机会来检验和提升自己的篮球技术水平,这对篮球后备人才的培养造成了制约。

二、校园篮球运动员的文化学习情况

社会的发展对现代化复合型人才的需求越来越多,因此在校

---

① 王偲又.乐山市中学篮球运动后备人才培养现状及发展对策研究[D].重庆大学,2016.

园篮球后备人才培育中,不能只重视对篮球运动员技能的培养,要明确培养目标,否则单一的技能型人才不能满足现实社会的需求。正确的做法是,在篮球技能训练中,培养学生运动员的知识水平与实践能力,使学生运动员不仅有过硬的篮球技术,也掌握丰富的文化知识,提升其综合素质,这样才符合我国对篮球运动人才的需求。

然而现实中,很多学生运动员的文化学习得不到重视,而且运动员自身学习文化课知识的积极性也不高,所以他们的文化课成绩总是不理想(图 6-1)。以文化课成绩占总成绩的比重为依据,将文化课成绩分为优秀(＞85％)、良好(70％～85％)、中等(60％～70％)、差(＜60％)四个等级。调查发现,文化成绩处于中等以下的学生运动员超过 60％,只有少数学生运动员的文化课成绩达到了优秀。

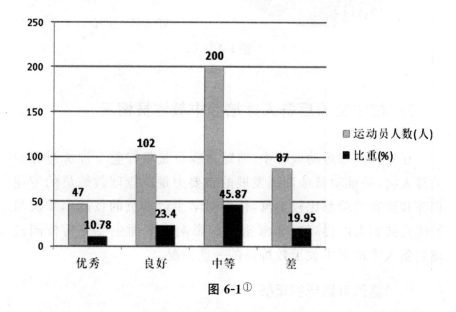

图 6-1①

学生篮球运动员的文化课成绩不理想是很多原因造成的,如学习时间不足、学习兴趣缺乏、没有养成良好的文化学习习惯、文化课基础差等,如图 6-2 所示。

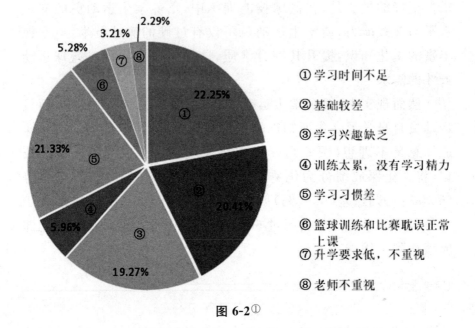

图 6-2[①]

三、校园篮球后备人才培养中教练员情况

在校园篮球运动训练中,篮球教练员是掌控整个训练过程的关键人物,是推动篮球训练发展的重要力量。篮球教练员的专业训练和比赛经验都比较丰富,他们对学生运动员的技战术发展与整体竞技实力的提高有非常重要的影响。下面主要分析校园篮球后备人才培养中关于教练员的一些情况。

(一)篮球教练员的年龄

篮球教练员的训练经验是否丰富,一定程度上可以将其年龄

①　王偲又.乐山市中学篮球运动后备人才培养现状及发展对策研究[D].重庆大学,2016.

大小作为评判标准。同时,篮球教练员的年龄也能反映出其接受新事物、改革训练模式与创新训练方法的能力。年龄大的教练员一般不能很快接受新事物,他们的训练理念比较传统,训练方法也比较陈旧,和年轻的教练员相比这些方面都略逊一筹,但他们的优势在于经验丰富,可以少走弯路,年龄大的教练员和年轻教练员各有优势与不足。所以校园篮球教练员在年龄结构上保持一定的合理性很重要。教练员整体年龄层次分布对校园篮球运动后备人才培养模式的创新有很重要的影响。关于校园篮球教练员的年龄分布调查结果见表6-4。

表 6-4　篮球教练员年龄情况(n＝60)[①]

年龄	人数(人)	比例(%)
<30 岁	5	8.33
30～40 岁	18	30
41～50 岁	33	55
>50 岁	4	6.67

表 6-4 显示,只有 8.33% 的篮球教练员年龄小于 30 岁,一半以上的教练员年龄超过 40 岁。可见篮球教练员队伍中青年教练比较少,以中老年为主,这会在一定程度上制约校园篮球人才培养的整体创新性和开拓性。

(二)篮球教练员的执教年限

优秀的篮球教练员懂得因材施训,实战和培训经验都很丰富,能够充分结合理论和实践知识。优秀的篮球教练员在训练过程中能够很好地对全局加以掌控,能够将运动员的训练时间和进程把握好,对训练时间、内容及负荷进行合理规划和安排,还能在篮球比赛中对比赛形势准确分析,随着比赛情况的变化而灵活调

---

① 王偲又.乐山市中学篮球运动后备人才培养现状及发展对策研究[D].重庆大学,2016.

整团体战术,发挥指导作用,使运动队赢得好成绩。

通常来说,篮球教练员的执教年限越长,经验就越丰富。本次调查中,有高达 66.67%的篮球教练员执教年限在 10 年以上,有将近 15%的篮球教练员执教年限超过 20 年(图 6-3),可见篮球教练员的执教经验普遍比较丰富,经验丰富的教练员在校园篮球后备人才培养中能够起到非常重要的作用。

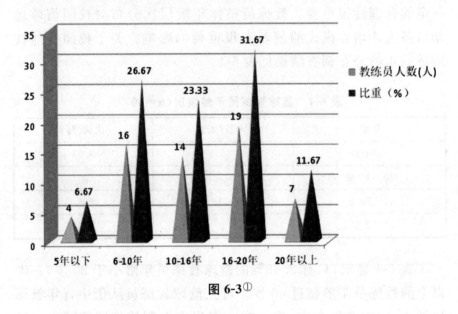

图 6-3[①]

(三)篮球教练员的学历、职称

1. 篮球教练员的学历

虽然篮球教练员的执教水平、执教经验的丰富程度等不能从其学历中完全反映出来,但教练员的学历高低直接影响其在执教过程中能否科学合理地安排训练课,能否采取多元的训练方法来指导训练,能否在训练中做到开拓创新等。

在调查中发现,校园篮球教练以本科学历层次为主,比例高

---

① 王偲又.乐山市中学篮球运动后备人才培养现状及发展对策研究[D].重庆大学,2016.

达 90％,研究生学历的教练员非常少,仅占 6.67％(图 6-4)。整体上篮球教练员的学历层次较低,结构也不合理。

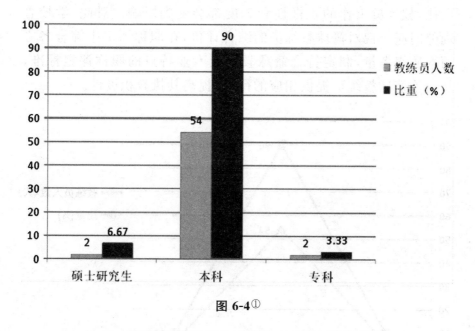

图 6-4①

2.篮球教练员的职称

篮球教练员知识水平和专业水平的高低及其执教经验的丰富程度等一定程度上体现在职称上。往往职称高的篮球教练员专业能力也比较高,而且整体上综合素质也比较高。职称评定不仅是对篮球教练员综合水平进行评定的一种方式,也是学校管理部门和教育系统认可篮球教练员专业水平的表现。

在本次调查中发现,90％的篮球教练员是中级职称,仅 10％的教练员是高级职称,具体如图 6-5 所示。总体上篮球教练员的职称分布与教练员执教年限分布存在显著的差距。

在校园篮球教练员的职称评定中,篮球教练员的文化知识是考核和评价的主要内容,因此一些专业水平较高、执教能力较强

---

① 王偲又.乐山市中学篮球运动后备人才培养现状及发展对策研究[D].重庆大学,2016.

的篮球教练员很难在职称上获得更高的认可。执教经验丰富、实战水平较高的教练员因为职称较低而享受较低的薪资待遇,长此以往,教练员工作的积极性和态度都会受到影响。对此,学校管理部门应重视对篮球教练员的综合评价,在职称评定中综合各方面素质来考量,制定符合篮球教练员专业特点的职称评定标准,从而给篮球教练员提供相应的待遇,提高其执教积极性。

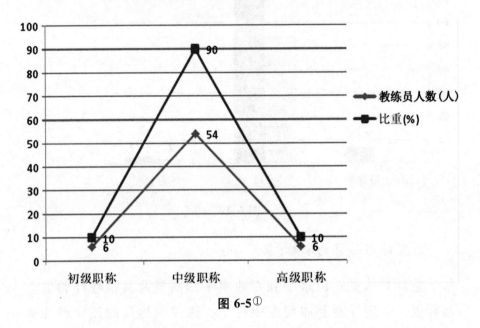

图 6-5[①]

(四)篮球教练员的培训情况

篮球教练员的综合素质及执教能力对篮球运动员训练质量有很大的影响。而篮球教练员综合素质的高低又与其参加培训和继续教育的情况有关。随着社会的进步与发展,教练员原有的知识结构和技术经验很难适应篮球运动训练中发生的新状况,所以教练员为了适应新时代、新情况及篮球运动的新发展,必须通过参加专业培训等方法来进行自我提升。不管年龄多大、执教年

---

① 王偲又.乐山市中学篮球运动后备人才培养现状及发展对策研究[D].重庆大学,2016.

限多长、职称多高的教练员都要不断学习,不断储备新知识,丰富自己的知识结构,提升自己的技术水平,从而提升综合素质,时刻保持高水准,对优秀篮球运动员进行培养。

本次调查发现,关于校园篮球教练员综合素质的培养受到了较高的重视,在教练员近两年参加的所有培训中,有一半以上参加的是学校组织的培训,但也有28.33%的教练员近两年没有参加任何培训,自费培训比重更低,如图6-6所示。对此,还需进一步重视对校园篮球教练员的培训工作,不断提升教练员队伍的整体水平,使其在校园后备人才培育中更好地发挥作用。

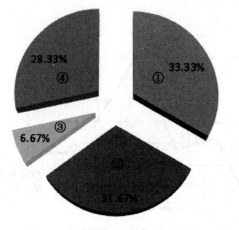

①学校组织培训
②篮球专业岗位培训
③自费培训
④未参加任何培训

图 6-6[①]

四、校园篮球队选材状况

随着篮球运动在全世界的不断普及以及国家之间篮球运动的不断深入交流,篮球训练方法和战术交流取得了进一步的发展,各国在篮球运动训练方法上的差距逐渐缩小,此时身体素质、天赋高低等因素对篮球运动员技术水平产生的影响就显得很重

① 王偲又.乐山市中学篮球运动后备人才培养现状及发展对策研究[D].重庆大学,2016.

要了。在篮球运动员选材中,被选者的身体结构、身体素质和身体形态等都是需要重点考察的指标。在篮球选材中,将身体素质好、天赋高的后备人才汇聚到一起,通过系统而科学的训练来培养这些后备人才,在训练中给予专业指导,提升其训练的积极性和篮球技术水平。

　　在篮球运动员选拔中,会用先进的科学仪器作为辅助性选材手段,主要是进行人为选材。本次调查发现,在校园篮球后备人才选拔中,主要参考被选者的身体素质、技术基础、家庭条件等(图6-7),而且决策者因素也占重要的比例,但是对心理素质的测试不够重视,运动员选材具有片面性。

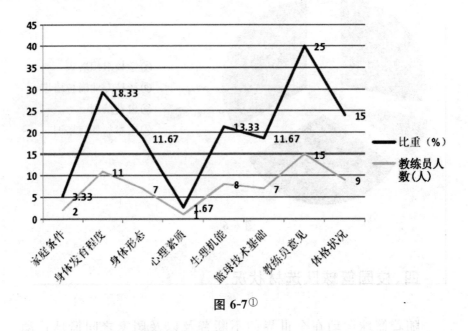

图 6-7 [①]

五、校园篮球后备人才培养经费现状

　　篮球后备人才的培养需要有一定的物质基础作为基本支撑,

　　① 王偲又.乐山市中学篮球运动后备人才培养现状及发展对策研究[D].重庆大学,2016.

只有打好物质基础,才能集中精力进行专业训练,如果经费不足,基础支撑力度弱,那么后期的训练和培养必然会受到影响。

　　调查发现,在校园篮球后备人才培养中,经费不足的问题普遍存在,不足和严重不足加起来高达65%(图6-8),这制约了篮球运动训练和比赛的正常开展。校园篮球运动人才培养经费不足主要是因为国家和政府在这方面的投入较少,学校的投入又很有限,运动员没有经济来源,所以自筹也解决不了根本问题,总之就是经费来源渠道非常有限,这是在校园篮球后备人才培育中需要重点解决的一个问题。

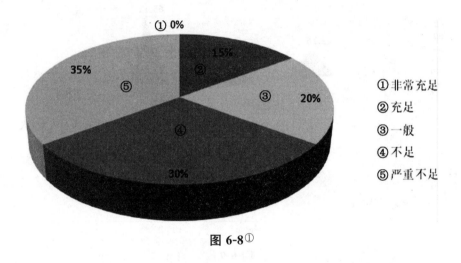

①非常充足
②充足
③一般
④不足
⑤严重不足

图 6-8①

六、校园篮球队管理现状

　　目前,对校园篮球后备人才的培养不仅包括技术培养,还包括知识与其他多方面技能的培养,只有关注运动员的全面成长和综合素质的培养,才能取得良好的人才培养效果。在努力提升校园篮球运动员综合素质的同时,对校园篮球队的管理也是一个不容忽视的重要环节。校园篮球队管理中要加强科学管理机制的

①　王偲又.乐山市中学篮球运动后备人才培养现状及发展对策研究[D].重庆大学,2016.

建设,重视对各方面资源的全面管理。

本次调查发现,校园篮球运动队的管理情况不容乐观,仅有23.26%的学校有专业管理,而且管理科学,没有专业管理,只是由校领导兼任管理人员的学校高达65.11%,剩余学校虽然有专业管理,但是管理无序,如图6-9所示。此外,进一步研究发现,学校篮球队管理中还存在管理目标不明确、管理部门责任不明晰、分工混乱等问题,这些都严重制约了校园篮球队的管理效率与管理方法。

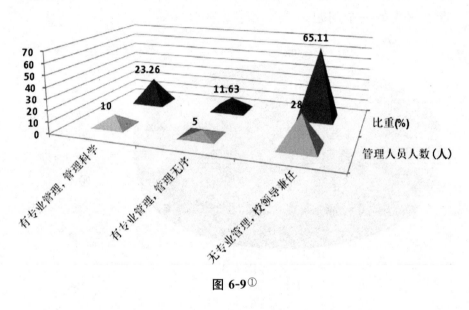

图 6-9①

七、校园篮球后备人才培养的问题

(一)选材和训练缺乏系统性与科学性

校园篮球后备人才培养的前提是先进行后备人才选拔,把选拔工作做好,把好"入门"关,能够为提高人才培养质量奠定良好

---

① 王偲又.乐山市中学篮球运动后备人才培养现状及发展对策研究[D].重庆大学,2016.

的基础。因为篮球运动项目的特殊性,在后备人才选拔中要注意一些硬性标准和客观要求,只有严格按照标准和要求进行选拔,才能使后面的训练与培养工作达到事半功倍的成效。

本次调查发现,在校园篮球后备人才选拔中,被选者的身体形态和教练员的意见在众多选拔标准中占主导地位,这反映出校园篮球后备人才选拔的主观性,而且青少年学生正处于身体发育的关键时期,只是通过简单的身体检查不能对学生的身体发育情况和未来的成长空间有准确、全面的了解。此外,选拔人员对被选者的身高过分关注,而对被选者的灵敏素质没有太多的重视,因此导致很多好苗子被埋没,造成人才缺失。

除了选材,校园篮球运动训练方面也有问题,主要就是每次训练时间不足,这样无法取得持续训练的良好效果。而且在训练时间、内容的安排上,计划不够周密,教练员大部分是靠自己积累的经验组织运动员训练,缺乏系统的训练计划,而且每个阶段的训练效果很难准确评价。有时为了应对比赛,教练员会将成年运动员的篮球训练模式运用到青少年篮球运动员的训练中,忽视了学生的成长规律,这样的训练不够科学,只是看重眼前的成绩,没有长远的发展目光,对学生运动员的可持续发展不利。

(二)训练经费不足

充足的资金是校园篮球运动后备人才培养的基础保障,一旦失去了这个保障,篮球队的训练、管理等工作的开展将寸步难行。目前,校园篮球运动训练主要靠政府有关部门拨款以及学校自筹,资金来源渠道少,而且拨款数额有限。学校将大部分资金和资源投入到文化教育中,以追求更高的升学率,不重视篮球运动后备人才的培养,对篮球后备人才培养的重要性和必要性缺乏深入的认识。总之,学校篮球队一直以来都缺少资金支持,训练资源严重不足,这就无法保障篮球运动员训练的质量和效果。

(三)比赛少、缺乏比赛经验

对篮球运动员的训练成果和篮球教练员的执教水平进行检

验的最佳方法是篮球竞赛,举办篮球比赛,可以使篮球教练员和运动员在积累实战经验的同时发现自身的不足和缺陷,丰富的比赛经历可以帮助运动员技术水平的提高,能够为训练计划的完善提供新的思路和重要参考。但当前我国校园篮球后备人才参加中大型篮球赛事的机会严重不够,参赛频率低,实战经验不足,所以无法发现训练中的问题,也不可能在训练中取得突破,后备人才的发展潜力和竞技水平的提升受到了严重的限制。

(四)篮球训练和文化课学习之间存在严重矛盾

校园篮球运动员的第一身份是学生,然后才是运动员,作为学生,校园篮球后备人才要学习文化知识;作为运动员,还要参加篮球训练与比赛,这两方面存在一定的矛盾,具体表现如下。

第一,校园篮球运动队运行中缺乏科学有效的管理制度,篮球队管理工作松散无序,管理模式其实就是"散养"。在比赛前集中一段时间组织运动员进行赛前训练,比赛中也是临时应战,不重视分析战术与战术训练,管理者只是关注篮球运动员的比赛成绩,关心其给学校带来的影响,而不考虑运动员综合素质的发展。

第二,校园篮球后备人才作为学生,升学压力非常大,高年级学生尤其如此,他们不仅要和其他学生一样学习文化课知识,还要在课余时间参加篮球训练和比赛,甚至会用上文化课的时间进行赛前紧急训练,从而导致文化课学习时间不足和文化课成绩落后。虽然低年级学生的文化学习不是很紧张,但因为教练员不够重视他们的文化课学习,所以学生的大部分时间还是在训练上,从而导致文化学习基础知识不扎实,到了高年级,学生运动员也不可能短时间内弥补落下的课程,如果升学只参考文化课成绩这一个标准,那么他们顺利升学的可能性较小。

第三,很多家长还是希望孩子能够集中精力学习文化知识,不允许孩子将大量时间花费在其他兴趣上,甚至将孩子学习以外的爱好尤其是体育爱好当成不务正业,文化课学习在家长心中的地位不可超越。学生参加训练受到家长反对,正因如此,校园篮球后备人才的培养也受到了阻碍。

第二节　新视角下校园篮球人才 培养体制与模式的完善

一、校园篮球人才培养模式与体制改革的重要性和紧迫性

(一)改善篮球后备人才匮乏现状的迫切需要

对于我国篮球运动发展来说,人才梯队方面出现断层现象是制约其发展的一个重要因素,也就是缺乏篮球运动后备人才,篮球打得好的"新星"和会打球的"新手"数量非常少,这造成了甲 B 中的一些队员被补充到了甲 A 队伍之后,甲 B 队伍就变得不再完整,有的甚至难以进行较好的系统训练。在"全运战略"的影响之下,地区篮球训练队伍也在不断减少,原有体制之下的三级训练网已经严重萎缩,并且训练水平较低。

此外,在"应试教育"的影响下,对升学率的片面追求造成了参与篮球运动训练的青少年数量越来越少,篮球普及受到了很大的影响,篮球后备人才基础受到损害。为了更好地解决人才匮乏问题,不能东拼西凑、急功近利,也不能相互挖来挖去,要尽可能地从长远进行考虑,从整体上来进行筹划,对篮球后备人才培育的新体系进行科学构建,进而转化为领导决策,通过长期落实诸多政策、规划、措施,才能从根本上将这些问题解决好。

(二)发展篮球市场竞争的迫切需要

我国篮球运动市场正处在起步阶段,发展势头非常好,再加上篮球运动所具有的普遍性、可欣赏性以及竞争性等特点,使其具有了巨大的商业开发价值。篮球又是我国最为普及的运动项

目之一,有良好的社会基础和市场潜力。然而,制约我国篮球市场发展的因素中,除经济、社会因素外,篮球市场自身问题也不少,如主要"商品"质量不高,也就是比赛水平不高,除了同世界水平存在较大差距之外,在亚洲地区所处的领先地位也受到了很大的挑战。又如,篮球市场遇到项目多元竞争的挑战,足、乒、羽、排等项目的兴起并走向市场,使篮球在项目结构调整中地位有所下降,并且在体育市场中所占的份额也不断减少。要想不断提高篮球运动市场的竞争力,人才是关键所在,篮球市场的发展正在呼唤一大批优秀的人才出现。所以,必须要从篮球运动产业发展的新高度,来从整体上构建篮球运动后备人才培养体系。

二、新视角下推动校园篮球人才培养模式与机制完善的对策

（一）构建以从学校到职业队为主渠道的多渠道、多层次、多元参与的培养模式

1. 以学校系统为主渠道

将原有体制中的篮校（体校）→运动队培养渠道,转变为以学校→职业队为主渠道。这样便能够将小学—中学—大学丰厚的教育资源,在篮球运动后备人才培养的过程中进行充分的利用,以更好地促进篮球运动后备人才素质的全面提高,包括思想道德素质、科学文化素质和心理素质,为后备人才提供更多的发展机会。

2. 多渠道

具有篮球运动潜能或天赋的青少年志愿者、爱好者,可以经小学—中学—大学,通过 CUBA 或军、地篮球队向职业运动员方向发展;又可以经过小学—体校、篮校—大学篮球队向职业运动员方向发展;各类篮校（体校）中优秀者还可以直接或通过青年队

走向职业队。由于具有非常广的普及面和雄厚的人才基础,学校中的运动员或篮球爱好者没有后顾之忧。

3.多层次

基础教育—专业训练或大学教育—职业俱乐部运动队是篮球运动后备人才培养的三个基本层次。在每一层次中,又包含了多层次的培养训练环节,如"小学篮球比赛",县—省、市—全国中学生篮球联赛,各级别的"三人篮球"赛,**CUBA** 联赛,县—省、市—全国各类(职工、农民、企业、学校)运动会等。[①]

4.多元参与

从原有体制中的由政府一手操办,转变为由政府、社会团体、企业、个人多种实体共同参与人才培养事业。从投资的角度来说,除了政府同国内外企业进行合作投资办校、办赛、办会之外,企业、个人还可以进行独自资助职业俱乐部,也可以单独或合作办篮校(体校)、业余篮校或业余篮球训练营。除政府投入外,**CU-BA** 联赛俱乐部、地方篮球队对于社会资金的吸纳还可以通过多种形式进行。在培养篮球运动后备人才活动中,使社会各界的参与积极性得到充分调动,对全社会中的篮球运动资源加以充分利用。

(二)实施以赛促练、赛练结合的多样化培养

1.增加比赛次数,以赛促练,赛练结合

篮球后备人才培养中,在实战中进行锻炼是其中一个非常重要的环节。参加正式的大型比赛既是训练的目的,同时也是对训练成果进行检验的一个关键环节。如果不将训练与比赛结合起

---

① 叶巍.新视角下篮球运动之人才研究[M].长春:吉林大学出版社,2013.

来,难以较快地提高水平,难以激发和培养强烈竞争意识,难以充分挖掘人才的潜能。以赛促练、以赛带练也是国际先进的篮球训练经验,它是对竞技人才进行培养的一个重要形式。

2.培养形式多样化

(1)将不同级别的赛事同不同层次的训练和学习结合起来,除了在国际国内一些大赛中已经分出的成年和青年(有年龄限制)不同层次的比赛和训练之外,中学和小学又可以通过县级、省市级、全国级的比赛,把学、赛、练结合起来。

(2)根据不同的需要及实际情况对不同的训练计划进行制订和实施,如针对性训练、体能训练、赛季前训练、赛间训练、高原训练、气候适应性训练、时差适应训练等,计划方案可以设计多种形式,安排多种内容。

(三)建立开放而规范的人才选拔、聘用、交流机制

1.科学选材

同学校—职业队的培养途径相配套,选材的主体主要包含两个方面:一个是学校体育机构或体育教师群体;另一个是职业俱乐部运动队。选材的对象:对选拔青少年篮球运动"新苗"来说,几乎是面向"全民"的;对职业俱乐部球员来说,是面向青少年"新苗""新手"的。由于具有比较广的普及面,选材面也是非常广:中小学有省、市、全国联赛队;大学生有各年级运动队和 CUBA 运动队,加上体校、篮校、地方等篮球队。伴随着比赛次数的不断增多,也不断涌现出了一大批青少年"新苗""新手",这也为职业俱乐部进行"选秀"提供了非常广阔的选材基础。在选材方面,克服"伯乐式选材"的局限性,采用各类形式结合的"综合选材"。

2.人才聘用

对双向选择的人才聘用机制进行建立和完善。采用合同制

来对俱乐部运动员双方的责任和权益加以规范,并对运动员注册制度和考核制度进行完善。

3.人才流动

人才流动能够很好地促进各个不同特长的人才相互之间实现优化配置,促进篮球技战术的交流,不同风格、不同打法的"远缘杂交",有助于篮球技术的创新,风格立异。如果球员所具有的个人技术特长没有获得合理的匹配,位置设置重复或出现人际关系危机时,通过流动能够很好地促进运动员得到快速成长。但人才流动必须有序。由于人才流动问题比较复杂,为了培育篮球后备人才市场,促进人才合理流动,保护人才培养者的合法权益,政府应制定相应政策,篮协应制定运动员转会的规则,以促使运动人才流动能够进入法制轨道,以更好地实现流动但不混乱。构建篮球运动后备人才培养新体系是一个非常庞大、复杂的工程,需要进一步通过进行理论探讨和改革实践来进行不断的完善和充实。

第三节 校园篮球人才培养的科学路径

一、树立科学指导思想,加大宣传力度

培养校园篮球后备人才,实际上是开发篮球运动员的潜能,提升运动员的综合素质。在校园篮球后备人才培养过程中应坚持"以人为本"的理念,积极贯彻落实科学发展观,坚持可持续的人才培养机制,为篮球运动员的长远发展打好基础。当前,我国经济发展迅速,学生人数不断增加,这对选拔篮球后备人才提供了有利条件。所以,各地教育部门应在学校范围内加强对篮球运动的宣传力度,从而寻找有潜力、有天赋、有希望发展成为优秀篮

球运动员的学生,同时将经验丰富的优秀篮球教练员分配到各校来系统训练与培养后备人才。我国应建立以校园篮球后备人才培养为中心的篮球发展战略,组建范围广、潜力大、能力高的校园篮球后备队伍,在培养篮球人才、推动篮球事业发展的同时提升学生的身体素质和健康水平。

目前,我国一些学校尤其是高校设置了较为全面的体育运动项目,这对培养学生的健康体质具有重要意义,但就篮球项目而言,各地教育部门对这方面人才培养不够重视,投入的资源相对较少,而要想营造积极培养篮球后备人才的氛围,就必须对各方面资源全方位加大投入力度。同时,努力摆脱大众对篮球运动员"四肢发达、头脑简单"的刻板印象,促使学生运动员文化课学习成绩和篮球技术水平的提高。

二、努力解决学习和训练的矛盾

校园篮球后备人才在发展成为高水平的优秀运动员之前,"学生"依然是他们的第一身份,学习文化知识是他们的首要任务。因此,学校在校园篮球人才培育中,不能本末倒置,不能将篮球训练放在文化课学习前,不能将学生的文化课学习时间过多占用,不能对学生学习文化学习进度过分干扰,要在文化课学习和篮球训练中找到平衡点,科学、合理地制订学习和训练计划,将学生文化学习与篮球训练的关系处理好。

具体而言,解决校园篮球后备人才学习与训练的矛盾需要从以下几个方面着手。

(1)文化课学习方面,学校应将开设的体育特长班取消,将体育特长班的学生分配到普通班级一起学习。文化课教师多关注这部分学生,培养学生学习文化知识的兴趣与积极性。如果这些学生要参加比赛,文化课教师布置的课后作业可适当减少,使学生有训练和休息的时间。在座位安排方面,注意学生之间的相帮相辅,帮助提高体育特长生的文化课学习成绩。

（2）篮球训练方面，从不同运动员的个性特点出发因材施训。不要一味采用传统单一的篮球训练方式，应对训练方法和模式加以改革创新，将互联网等现代资源充分利用起来，将国内外成功的训练模式引入校园篮球训练中，结合运动员的特点、学校现有条件来实施这些模式，制定有特色和科学有效的训练方法，有目的地实施这些训练方法，促进篮球日常训练质量的提升。

（3）学校政策方面，学校有关部门要重视科学培养篮球运动后备人才，教育部门针对体育后备人才的升学制定相应的优惠政策，为篮球后备人才的文化学习和篮球训练提供良好的环境，激励学生努力学习和训练，使学习和训练两者兼得，这样也能缓解学生家长的担忧，使学生运动员的训练获得家长的支持。

三、规范选拔标准，实现信息网络化管理

为了进一步完善校园篮球运动后备人才的培养机制，地方教育局可设立专门的篮球运动员选拔部门，由专业篮球教练、篮球科研人员和医务人员担任相应的职位，对专业、统一的人才选拔标准或者准则进行科学制定，从专业的角度全方位选拔与培养篮球人才。此外，各校应建立健全运动员档案，完善网络数据资料库，从而方便开展资料跟踪、查询和研究等工作。教育部门可以根据校园篮球运动员的数据信息对篮球比赛或交流活动进行组织，分享不同学校的训练特色与风格，从而实现篮球技战术的进一步创新。

四、建立健全管理体制

我国的文化教育和体育培训在一定程度上还是处于分离状态，教育系统在培养专业体育人才方面缺乏经验，无法从教育系统将高水平体育竞技人才直接输出。因此，必须坚持走"体教合一"之路，使体育教育和文化教育相辅相成，使体育部门和教育部

门共同致力于对高水平篮球运动人才的培养。

五、拓宽资金来源渠道，完善训练基础设施

篮球基础训练设施不足、资金筹措渠道单一是目前制约我国校园篮球后备人才培养的主要问题，要提高人才培养效率与效果，首先要解决这两个方面的问题，具体可参考以下建议。

（1）上级领导部门对校园篮球后备人才的培养给予大力支持，不要将篮球比赛成绩与学校资源分配相提并论，要用长远的眼光认识人才培养的重要性，为篮球日常训练和长远发展提供重要的物质保障。

（2）在校内外广泛宣传篮球人才培养的重要性，吸引社会各界的关注，调动更多的社会力量积极参与篮球人才培养事业，从而为校园篮球运动人才的培养提供更多的支持。

（3）拓展学校在人才培养方面的资金来源渠道，切实解决资金不足、训练条件落后的问题。

第四节 校园篮球人才培养的新趋势

一、国家政策的颁布将大大加快校园篮球人才培养的步伐

我国教育部有关部门将与美职篮合作，在我国一些地方开展校园篮球的试点工作，每个城市的试点学校定为 50 个，目标是到 2020 年使校园篮球得到大力推进，学生基本养成体育锻炼习惯，学生的健康水平与运动技能显著提升，学生的合作意识显著增强，形成良好的意志品质；此外还要形成"一校一品""一校多品"的教学模式，使体育教学质量得到进一步的提高。在国家政策的大力支持下，各级体育局和教育厅立即响应号召，校园篮球工作

在各大城市大张旗鼓地推行开来。国家政策的支持将促进校园篮球运动的进一步普及和校园篮球人口的不断扩大,促进篮球后备人才培养质量的提高,从而推动我国篮球事业的健康发展。

二、社会体育观念的进步使校园篮球的发展前景更广阔

在国家体育和教育政策的推动下,尤其是我国改革中考制度后,体育成绩比重有所增加,家长们对体育的观念也有了改变,开始支持学生参与体育活动。体育在社会上也越来越受重视,青少年通过参与体育锻炼,不仅锻炼了身体,还作为体育特长生在升学方面享受了优惠政策。总之,体育的发展环境在不断优化,这使校园篮球的发展前景更为广阔,校园篮球后备人才的培养之路也必然会越来越通畅。

三、校园足球的开展经验和教训会使校园篮球的发展少走弯路

从训练学角度,足球和篮球属于同一项群,这就为运动员选材、训练和竞赛的经验转化提供了便利,校园足球在训练与人才培养方面已经形成了较为完善的方法体系,这些成果可以适当地运用到校园篮球及后备人才的培育中。

我国在校园足球多年的发展中积累了丰富的经验,也吸取了一些教训,校园篮球发展中可以借鉴和参考其中的成功经验,如课余训练的组织、文化的推广、人才的培养等,这样可以加快校园篮球运动的发展步伐。

与足球相比,篮球比较简单易行,不管是在学校还是在社会上,都有更为广泛的群众基础,这为我国校园篮球的发展和后备人才库的建立提供了有利的条件。

第七章 校园篮球人才的基本素质培养

校园篮球人才综合素质的培养首先应该从基本素质着手,具体包括文化素质、体能素质和心理素质。这些基础素质是校园篮球人才进行技战术等核心技能训练的基础和重要保障,因此不可忽视。本章主要就这三个基本素质的培养方法展开研究,以期提高校园篮球人才的基本素质水平,为其核心技能素质的提高奠定基础。

第一节 校园篮球人才的文化素质培养

一、更新教学观念

在校园篮球人才文化素质培养方面,要求改革传统教学思想,树立先进的教学理念,对针对全体学生的全面发展规划进行制定,将文化学习要求明确提出,对学习目标和标准进行科学设计,加强对学生的文化教育,使其对学习文化课的重要性有深入的认识,使学生主动学习文化知识。此外,应在新理念的指导下重新定位文化课教学,强调文化课的重要性,将体育训练和文化学习同步重视起来,提升学生的文化素养,发展智力,为篮球训练奠定基础。这也有助于推动篮球人才的全面发展。

二、优化课程设置

深入改革篮球教学,推行素质教育,重视培养学生的文化素质、创新意识与实践能力,贯彻全面发展理念,促进学生综合素质的提高。学校在设置课程方面,涉及面要广,专业面要有一定的深度,传授的理论知识要有很强的概括性、广泛的适应面和普遍意义,使文化课与体育课相互联系、相辅相成,对基础扎实、知识丰富、具有创新精神的复合型人才进行培养。要有机结合第一课堂和第二课堂,利用多方面的资源来培养学生。

在第一课堂教学中,将必修课适当缩减,对自然科学方面的选修课适当多开设一些;开设丰富多彩的人文社科公选课,如美术、音乐等。第一课堂教学能够使学生掌握自然科学和社会科学的理论知识,提升其文化素养。

在第二课堂教学中,要以拓展和补充性知识为主,举办讲座,传播文化,实行考核,使学生的文化素质进一步得到提高。

三、营造文化氛围

校园文化对学生成长和发展的影响非常重要。良好的校园文化有助于培养全面发展的人才。学校应在文化素质教育计划中纳入校园文化建设,创建积极向上的校园精神,开展形式多样的文化活动,建设良好的校园环境,为学生的学习、训练提供良好的条件与环境。

教师应抓住学生思维活跃、精力充沛的优势因势利导,鼓励与引导学生积极参与校园文化活动,并在这个过程中自觉接受教育,主动拓展知识,提高文化素质。

第二节　校园篮球人才的身体素质培养

一、篮球力量素质培养

（一）手指手腕力量

（1）手指用力抓空练习。

（2）两人坐着用指腕力量传篮球或实心球。

（3）两人一球，用单手手指互相推球。

（4）左、右两手互相对抗，用力抓夺篮球。

（5）双手握杠铃杆，直臂做快速屈伸手腕练习。

（二）上肢力量

（1）负重推举。

（2）负重伸屈臂。

（3）卧推。

（4）两人一组，一人侧平举，另一人用力压手腕对抗。

（三）腰腹力量

（1）仰卧举腿，仰卧折体，仰卧挺身。

（2）单、双脚连续左右跳过一定高度。

（3）跳起空中收腹、手打脚、转身、空中传球或空中变化动作上篮。

（4）利用杠铃负重转体、挺身。

（四）下肢力量

（1）负重提踵。

（2）深蹲跳。

（3）徒手单腿深蹲起。

（4）徒手半蹲或背靠墙半蹲。

（5）两人一组，利用人的体重进行负重半蹲起。

（五）爆发力

（1）全场连续多级跳。

（2）全场连续蛙跳。

（3）负重投篮。

（4）中场三级跳上篮。

（5）连续快速跳起摸高。

（六）核心力量

1. 仰姿桥撑

仰卧，双臂屈肘支撑身体，双脚伸直、并拢，用脚撑地。

2. 俯姿平撑

俯卧，双臂屈肘 90°支撑身体，双脚伸直并拢用脚尖撑地，肢体固定腹背部。

3. 侧姿臂撑

侧卧，单臂屈肘支撑身体，另一只臂屈肘侧举，双脚伸直、并拢，用一只脚外侧撑地。

（七）综合器械练习

1. 上斜卧杠铃提举

从器械架上抓取杠铃，屈肘，使杠铃下降至上胸部，向上推举杠铃至手臂伸直，还原。重复练习。

2.坐式夹胸器夹胸

推动活动臂在胸前夹拢闭合,然后使两活动臂向后,还原。重复练习。

在篮球专项力量练习中,练习动作幅度、用力方向与技术动作必须符合要求,练习负荷要高于比赛要求,从而在关键技术环节充分发挥身体力量。

二、篮球速度素质培养

(一)跑的练习

1.基本步法练习

(1)小步跑练习

双膝稍弯,身体成一条直线(即肩、髋、膝和踝关节成一条直线),尽可能提踵。跑动时,前脚掌着地,尽可能蹬伸,双膝微屈,双脚交替。着地时注意用前脚掌,而不是整个脚底。当右脚蹬离地面时,左脚要划过地面。

(2)高抬腿跑练习

高抬腿跑时,要求脚前掌落地,抬膝时保持身体伸展。当一条腿伸直时,另一条腿的大腿要与地面保持平行。当膝盖抬到最高点时(大腿与地面平行),脚踝向后勾,脚置于膝盖的下方。此外,还应注意运用正确的手臂动作。

2.起动跑练习

(1)原地或移动中,根据教练员的信号突然起动快跑。

(2)起跳落地,立即起动侧身加速快跑。

(3)用各种姿势起动,全速跑10~30米。

(4)不同距离折回跑。

(5)四步加速跑。在球场上标出四步加速跑的位置:离起跑线 66～76 厘米为第一步;第一步和第二步之间距离 92～93 厘米;第二步和第三步之间距离 117～127 厘米;第三步和第四步之间距离 142～152 厘米。练习者用 1/4 的速度跑完 4 步,各步之间不要停顿。跑时要用力摆动手臂。熟练掌握 1/4 速度的技巧之后,再用 1/2 速度,然后 3/4 速度,最后是全速进行加速跑训练。

(6)5 米折回抢滑步。

3.篮球移动中跑的练习

(1)快速跑变中场后退跑。
(2)折线起动侧身变方向跑。
(3)沿边线侧身快速跑。
(4)沿 3 分线急停、起动、侧身跑。
(5)各种折线跑与抢滑步练习。

4.各种姿势、距离跑练习

用各种姿势起跑,全速跑 30 米、60 米或 100 米,改进和提高跑的技术和速度。两罚球线、两端线及各种距离的往返接力跑等。

5.跑台阶练习

快速斜线、直线向上跑台阶,直线上、下台阶记时跑,上、下坡快速跑等。

6.结合球进行跑动练习

(1)直线或折线自抛自接球快速跑练习。
(2)单手全场直线(或一次变向)快速运球上篮。
(3)全场 3 人"8"字形传球快速跑。
(4)全场只允许传 3 次球然后上篮的各种方式跑练习。

（5）全场传球快速起动跑。

（6）加速快跑接长传球、地滚球上篮练习。

（二）手臂摆动练习

1. 前后甩臂

（1）向前甩臂，然后贴身向后甩臂。保持双肩放松，手臂伸直。手和手指放松。握拳会使前臂和双肩紧张，从而制约双臂的自由摆动。

（2）屈肘成 90°，放松摆动肘部，手臂前后移动，但手的位置不要高过胸部或肩；向后摆动时，手的位置不应超出臀部。

2. 坐姿摆臂

要求运动员坐在地板上或板凳上，双腿伸直。摆动手臂，肘部成 90°弯曲，仿佛在敲鼓。

三、篮球耐力素质培养

（一）有氧耐力

1. 匀速持续跑

跑的负荷量尽可能多，练习时间在 1 小时以上。心率控制在150 次/分钟左右。要求匀速连续地跑。

2. 间歇跑

训练负荷量较小，训练中每一次练习的持续时间不长。负荷强度较大，心率达到 170～180 次/分钟。在身体尚未完全恢复的情况下进行下一次练习，心率在 120～140 次/分钟。要求整个练习的持续时间尽可能延长，至少 30 分钟以上。练习之间采用积极休息方式,如放松走和慢跑。

3. 变速跑

通常在场地上进行。快、慢跑距离和地点根据专项任务与要求制定。负荷强度由低到高,心率控制在 130～150 次/分钟、170～180 次/分钟。练习持续时间在 30 分钟以上。

4. 越野跑

在公路、树林、草地、山坡等场地进行,一般跑的距离在 4 000 米以上,最多可达 10 000～20 000 米。跑的速度可以适当变化。心率控制在 150～170 次/分钟。如以时间计的话,运动时间在 1.5～2 小时。

5. 3 分钟以上跳绳或跳绳跑

在跑道上做两臂正摇原地跳绳 3 分钟或跳绳跑 2 分钟。4～6 次,间歇 5 分钟。强度为 45%～60%。要求每次结束时,心率在 140～150 次/分钟,恢复至 120 次/分钟以下开始下一次练习。

6. 水中快走或大步走

在深 30～40 厘米的浅水池中,做快速走或大步走练习,每组 200～300 米或 100～150 步,4～5 组,间歇 5 分钟,强度为 50%～55%。

(二)无氧耐力

1. 原地间歇高抬腿跑

原地做快速高抬腿练习。

如发展非乳酸性无氧耐力,则可做每组 5 秒、10 秒、30 秒快速高抬腿练习,做 6～8 组,间歇 2～3 分钟。强度为 90%～95%,要求越快越好。

发展乳酸性无氧耐力,则可做 1 分钟练习,或 100～150 次为一组,6～8 组,每组间歇 2～4 分钟。强度为 80%,要求动作规范。也可前支撑做高抬腿跑练习。

2.高抬腿跑转加速跑

行进间高抬腿跑 20 米左右转加速跑 80 米。重复 5～8 次,间歇 2～4 分钟。强度为 80%～85%。

3.原地或行进间间歇车轮跑

原地或行进间做车轮跑,每组 50～70 次,6～8 组,每组间歇 2～4 分钟。强度为 75%～80%。

4.反复起跑

蹲踞式或站立式起跑 30～60 米,每组 3～4 次,重复 3～4 组,每次间歇 1 分钟,每组间歇 3 分钟。

5.间歇后蹬跑

行进间做后蹬跑,每组 30～40 次或 60～80 米,重复 6～8 次,间歇 2～3 分钟。强度为 80%。

6.反复跑

跑距为 60 米、80 米、100 米、120 米、150 米等。重复次数应根据距离的长短及运动员水平而定。一般每组 3～5 次,重复 4～6 组,每组间歇 3～5 分钟。强度一般的心率控制,如短于专项的距离,练习时心率应达 180 次/分钟,间歇恢复至 120 次/分钟时,就可以进行下一次练习。如发展乳酸耐力,距离要长些,强度要小些。

7.高抬腿跑转加速跑

行进间高抬腿跑 20 米左右转加速跑 80 米。重复 5～8 次,间歇 2～4 分钟。强度为 80％～85％。

8.反复连续跑台阶

在每级高 20 厘米的楼梯或高 50 厘米的看台上，连续跑 30～40 步台阶，每步 2 级，重复 6 次，每次间歇 5 分钟。强度为 65％～70％。要求动作不间断，也可定时完成。

9.计时跑

可做短于专项距离的重复计时跑或长于专项距离的计时跑。重复次数 4～8 次（依距离而定），间歇 3～5 分钟。强度为 70％～90％，根据运动员水平及跑距而定，距离短，强度大。

(三)肌肉耐力

1.连续半蹲跑

成半蹲姿势（大小腿成 100°角左右），向前跑进 50～70 米，重复 5～7 次，每组间歇 3～5 分钟，强度为 60％～65％，不规定速度，走回来时尽量放松，在进行下一次练习前，可做 15 秒贴墙手倒立。

2.1 分钟立卧撑

由直立姿势开始，下蹲两手撑地，伸直腿成俯撑，然后收腿成蹲撑，再还原成直立。每次做 1 分钟，4～6 组，间歇 5 分钟，强度为 50％～55％。要求动作规范，必须站起来才算完成一次练习。也可以穿上沙背心做该练习。或做立卧撑接蹲跳起，则强度稍大，做 30 次为一组，每组间歇为 10 分钟。

3.逆风跑或负重耐力跑

遇飓风天气（风力不超过五级）可在场地或公路上做持续长距离逆风跑，也可做 1 000 米以上的重复跑，重复次数 4～6 次，间歇 5 分钟,强度为 55%～60%。

4.重复爬坡跑

在 15°的斜坡道或 15°～20°的山坡上进行上坡跑,重复 5 次或更多些,跑距 250 米或更多些,间歇 3～5 分钟。强度为 60%～70%。也可根据训练目的决定强度,可以由心率控制运动强度,也可穿沙背心进行该练习。

5.连续跑台阶

在台阶高 20 厘米的楼梯或台阶高 50 厘米的看台上,连续跑30～50 步,如跑 20 厘米高台阶的楼梯,每步跑 2 级,重复 6 次,每次间歇 5 分钟,强度 55%～65%。要求动作不能间断,但不能规定时间,向下走时尽量放松,心率恢复到 100 次/分钟时可开始下一次练习,也可穿沙背心做该练习。

(四)混合耐力

1.持续接力

以 100～200 米的全力跑,每组 4～5 人轮流接力。要求注意安全和练习过程中的协调配合。如果练习者人数充足也可以分成若干组进行训练比赛。

2.力竭重复跑

采用专项比赛距离,或稍长距离,以 100%强度全力跑若干次。每次之间充分休息。要求短跑运动可采用 30 米。中跑可以采用 800 米或 1 500 米距离。

3.俄式间歇跑

固定练习中间休息时间,随着训练水平的提高,逐渐缩短中间休息时间,如在 400 米练习中,用规定速度跑完 100 米后,休息

20～30 秒,如此反复练习。当练习者的能力提高时,可以缩短练习中间休息时间,调整为 15～25 秒。

4.沙滩跑

在沙滩上做快慢交替自由跑,每组 500～1 000 米,也可穿沙背心跑,速度变化和要求可因人而异,做 4～6 组。每组间歇 10 分钟,强度为 50%～55%。

四、篮球柔韧素质培养

(一)腕关节

1.压指练习

两臂胸前屈,两手交叉互握,两臂向下,向前。向上屈伸臂同时做翻掌动作。数次后,两臂向前翻掌至极限时静止 20～30 秒。

2.手腕绕环

两脚开立,两臂在胸前屈臂,两手指交叉做向内、向外的绕环动作。

3.双人互拉

双人直腿对面坐,两脚相对,两手互握,互相后倒拉对方,脚蹬住,膝不能弯曲,逐渐加大力量。也可两人交替做体前屈和后倒动作,后倒时肩要着地。反复练习。

4.手指拨球

两脚开立,两臂置于胸前持球,做手指左、右拨球的动作。

5.腕旋转

站立,右臂上举持棍成水平状。左右旋转手腕至最大幅度。

6.腕屈伸

两手持系有重物的木棍前屈站立,两手不断交替屈伸上举重物。

(二)肩关节

1.上下振臂

两脚开立,一臂上举,另一臂下举,做同时用力后振动作,两臂交换练习,反复做。

2.直屈臂绕环

两脚开立,两臂侧屈于肩上,两手扶肩上做向前、向后绕环;两臂伸直,以肩关节为轴做向前、向后绕环。

3.胸部含展

两脚开立,两手垂于两侧,做含胸,还原;挺胸,还原动作。

4.两臂前后绕环

两脚开立,两臂上举,一臂直臂向前。另一臂直臂向后同时绕环,数次后两臂交换方向练习。

(三)肘关节

1.肘绕环

站立,右臂屈肘,右手持哑铃上举。以肘为轴右手向内、向外或由外向内连续绕环。

2.小臂绕环

两脚开立,两臂侧平举,大臂不动,小臂以肘关节为轴做向内、向外绕环,反复练习。

(四)髋关节

1. 仰卧屈膝转髋

仰卧,以腰为轴,屈膝向左、向右转髋。

2. 左右转髋跳

两腿左右大开立,两手叉腰或两手下垂。两腿用力跳起,以髋为轴;向左转髋 90°。左脚踝、右前脚掌撑地;然后向右转髋 180°,右脚踵、左前脚掌撑地。多次重复。

3. 仰卧挺髋

两臂上举成仰卧,手背与脚踵着地,手背与前脚掌撑地,同时向上挺髋,静力伸展或多次重复相结合。

4. 波浪起

屈膝体前屈站立,两臂下垂。弓背、上摆臂、蹬腿、挺胸、抬头、提踵。

5. 直立髋绕环

直立,两手握吊环向前挺髋。向左、右做绕环。

6. 髋绕环

两腿屈膝站立,两臂向后搭在单杠上。髋发力向左、后、右、前连续绕环。

7. 髋翻转

侧身两手宽握肋木,左腿在上屈膝右转,左腿伸直,同伴握其踝站立。以左踝为轴左腿向左翻转 90°。两腿交替重复。

8.助力髋绕环

距肋木一臂站立。同伴在其后扶髋两侧。助力扶髋由左(或右)向右(或左)连续做绕环。

9.腰绕环

两脚开立,两手反托腰,以腰为身体的纵轴,做逆时针或顺时针绕环动作,反复练习。

10.阻力髋绕环

腰系皮条距肋木一臂站立。同伴站其后拉皮条。髋交替向左右做绕环。

11.跪立成背弓

两手反叉腰跪立。向前挺髋至背弓。

12.跪立腰绕环

分腿跪立于垫上,两臂由左向后、向右、向前做腰绕环动作,沿身体纵轴,做逆时针和顺时针的绕环动作。

(五)膝关节

1.膝关节屈伸

身体成全蹲姿势,两手握踝关节,两腿伸直后再蹲下,反复练习。

2.膝关节绕环

双手扶膝成半蹲,左右旋转绕环,或开合加旋转绕环。

3.体前屈伸膝

体前屈膝,两手撑地站立。两腿伸膝至直立,全脚掌撑地。

多次重复。

4. 双腿屈伸

两腿并拢,两手扶膝做下蹲动作,反复进行(也可以在做下蹲的同时,双膝同时做向外、向内绕环动作)。

5. 仰卧起抱膝坐

仰卧,听口令立即向前抬体,同时屈膝、折体,两手抱膝。

6. 体前屈走

两脚前后开立,两手上举。上体前屈,右手向后触左脚踝,然后直体。左脚前迈步,上体前屈,左手向后触右脚踝。两脚与两手交替向前协同配合。

7. 体前屈体后屈压腿

上体直,两腿成纵叉。上体前屈,两手向前扳前脚;然后上体后屈,两手向后触后脚。前、后屈体交替。

8. 跪姿伸直两膝

蹲踞式起跑姿势。两腿同时伸膝至前脚掌撑地,手指撑地。多次重复。

9. 体前折体

仰卧,向后上摆腿,提臀至各种折体,要求提臀至垂直部位。

10. 体前屈弓步走

左弓步,上体前屈,左手触左外侧踩,右手斜上举。然后右腿屈膝前摆成右弓步,右手触右外侧踩。两腿交替弓步走。

（六）踝关节

1. 踝关节屈伸

两腿站立，两手叉腰，一腿前举，做踝关节屈伸动作，两腿交换练习。

2. 体前屈伸踝

体前屈直立，两手撑地。两腿伸踝提踵至脚尖，两手指撑地。多次重复。

3. 俯撑伸展踝

直臂俯撑。两臂屈肘，上体后移。随之挺胸向前移至直臂俯撑及两踝正面撑地伸踝。

4. 低支撑屈伸踝

低支撑，两腿后伸，两腿提踵支撑。两脚屈踝至全脚掌撑地。两脚多次提踵与屈踝。

5. 提踵直腿走

两腿直立。向上提踵后，两腿交替向前迈步。

6. 提踵半蹲走

两腿屈膝，左脚提踵撑地，右腿屈膝前迈，用前脚掌撑地。两腿交替迈步，两臂协同摆动。

7. 踝关节绕环

两腿直立，两手叉腰，重心移至一脚，另一脚脚尖着地，做踝关节绕环动作。两脚交替练习。

8. 单腿提踵

右腿站立，两手扶肋木。两手不动，右脚连续提踵。

五、篮球灵敏素质培养

（一）反应判断能力

（1）按有效口令做相应动作。

（2）按口令做相反动作。

（3）听信号的各种姿势起跑,站立式、背向、蹲、坐、俯卧撑等姿势。

（4）听信号或看手势急跑、急停、转身、变换方向练习。

（5）原地、行进间或跑步中听口令做动作。例如,喊数抱团成组;加、减、乘、除简单运算得数抱团组合,看谁最快等。

（6）一对一互看对方背后号码。

（7）一对一脚跳动猜拳、手猜拳、打手心手背、摸五官等练习。

（8）一对一追逐模仿。

（9）跳绳。例如,两人摇绳,从绳下跑过转身、从绳上跳过等。

（10）各种游戏,如叫号追人、抢占空位、追逃游戏、打野鸭、抢断篮球等。

（二）平衡能力

（1）在平衡木上做一些简单动作。

（2）各种站立平衡,如俯平衡、扳腿平衡、侧平衡等。

（3）在肋木上横跳、上下跳练习。

（4）一对一弓箭步牵手面向站立,虚实结合互推互拉使对方失去平衡。

（5）一对一面向站立,双手直臂相触,虚实结合相互推,使对方失去平衡。

（三）协调能力

（1）模仿动作练习。

（2）各种徒手操练习。

（3）简单动作组合练习。

（4）一对一背向互挽臂蹲跳进、跳转。

（5）脚步移动练习。例如，前后、左右、交叉的快速移动，单脚为轴的前后、转体的移动。左右侧滑步、跨跳步的移动。

（6）双人头上拉手向同方向连续转。

（7）做不习惯方向的动作。

（8）跳起体前屈摸脚。

（9）做小腿里盘外拐的练习。

（10）改变动作的连接方式。

（11）双人一手扶对方肩，一手互握对方脚腕，各用单脚左右跳、前后跳、跳转。

（12）选用武术中的"二踢脚""旋风脚"动作进行练习。

（四）通过体操动作练习

（1）前滚翻、后滚翻、侧滚翻、连续前滚翻或后滚翻、连续侧手翻、前手翻、头手翻、后手翻、团身后空翻。

（2）双人前滚翻，即一人仰卧，另一人分腿站在仰卧人的头两侧，双方互握对方的两脚踝，然后做连续的双人前滚翻或后滚翻。

（3）鱼跃前滚翻。

（4）跳马、跳上、挺身跳下，分腿或屈腿腾越，直接跳越器械，跳起在马上做前滚翻。

（5）在低双杠上做肩倒立、前滚翻成分腿坐、向前支撑摆动越杠下，向后摆动越杠下等简单动作。

（6）一人仰卧，两人各抓一只脚，同时用力上提，使其翻转站立。

（7）在低单杠上做翻上、支撑腹回环、支撑后摆跳下、支撑摆动向前侧跳下等简单动作。

(五)利用跳绳练习

1.交叉摇绳

两手交叉摇绳,每摇 1～2 次,单足或双足跳长绳一次。

2.跳蛇形绳

教练与一名练习者双手握一根长绳,并把绳子左右抖动,使绳子像一条蛇在地上爬行,数个练习者在中间跳来跳去,1 分钟内触及绳子最少者为胜。

3.跳波浪绳

教练与一名练习者双手握一根长绳,并把绳子上下抖动成波浪形,练习者必须敏捷地从上跳过,谁碰到绳子,与摇绳者交换。

4.跳粗绳(或竹竿)

教练双手握一根粗绳或竹竿,练习者围成一个圆圈站立,当教练握绳或竹竿做扫圆动作时,队员立即跳起,触及绳索或竹竿者为败。

5."扫地"跳跃

练习者将绳握成多段,从下蹲姿势开始,将绳子做扫地动作,两脚不停顿做跳跃练习。

6.集体跳绳

两名练习者摇长绳子,其他练习者连续不断地跳过绳子,每人应在绳子摇到最高点时迅速跟进,跳过绳子,并快速跑出。

六、篮球弹跳素质培养

(1)单脚跳连续跨跳或蛙跳 28 米若干次(每次要求达到步数)。

（2）连续半蹲跳、跳深、收腹跳。

（3）原地起跳连续摸篮圈或篮板，行进间跳起摸篮筐，原地上步摸篮筐或篮板。

（4）两脚交替直线向前跨跳和直线向前左、右跨跳。

（5）单脚徒手全力跳上、下台阶。

（6）连续深蹲跳（或跳起摸一定高度）20 次。

（7）行进间摸篮筐或篮板接原地起跳摸篮筐或篮板。

（8）持球跳起空中连续托球打篮板练习，要求在最高点触球。

（9）两人一球，5 米距离，互相跳传。

（10）一人持球在篮下左、右连续跳起投篮，要求在跳到最高点时出手。

（11）向左或右上步断高传球练习，要求跳到最高点断球。

（12）向篮板抛球，然后跳起空中补篮，三人一球连续进行。

（13）两人一球，分别站在篮下左、右侧，连续跳起在空中碰板对传球，要求身体跳到最高点触球。

（14）全队一球，行进间跳到空中连续打篮板练习，要求跳到最高点触球，手臂、身体充分伸展。

第三节　校园篮球人才的心理素质培养

一、校园篮球人才一般心理素质的培养方法

（一）表象训练

表象训练是有目的、积极地回忆已经形成的动作表象，并将动作进行重复、回顾、改正和发展，进而创造出新的动作。它通过恢复原有的暂时神经联系，引起相应的肌肉活动，产生正确的动力定型效应，从而增强了动作的熟练程度，并加深了对难度动作的回忆。进行表象训练时，要保持高度集中的注意力，每次表象

训练的时间最多不要超过 5 分钟。

(二)意识训练

篮球运动员的意识训练是一种促使运动员形成运动技能的综合心理的训练。它包含以下几个步骤。

(1)明确概念,通常采用比较直观的教学手段。

(2)肌肉控制,通过想象的方法有顺序地控制肌肉,使肌肉每个部位都得到放松。

(3)精神集中,在头脑中回忆动作结构,并停留一段时间。

(4)连接表象与运动器官,视觉表象中将每一个动作都与自己机体中完成此动作的关节、肌肉的感觉进行联系,直到两者的感觉相一致。

(5)检查训练效果。

(三)感知觉训练

篮球运动的感知觉是运动员某些特殊心理感受知觉。主要包括球感和时空感等。

1.球感

篮球人才在长期从事篮球运动的过程中会产生一种专门化的知觉,而这种知觉就是球感。球感是一种复合知觉,它能够从侧面反映出其各方面的身体素质,这种知觉是在长期反复的训练过程中获得的。因此,球感的好坏主要取决于能否长期坚持触球训练。

2.时空感

篮球运动的时空感主要表现在运动员对时间、空间的判断能力。时间、空间感觉是密切相连的,只有获得较强的时空感,运动员才能在比赛中获得主动权。篮球运动对预测反应、视动反应、选择反应等时空感训练有更高的要求,要求广阔的视野,对方位感和知觉都有较深的感受,对人和球的速度、移动、距离、方向等都要有准确的判断和把握。因此在篮球训练过程中,要加强篮球运动员的时空感训练。

(四)集中注意力训练

篮球运动员集中注意力训练的方法如下。

(1)篮球运动员通过回忆日常技术动作的训练,使注意力始终集中在动作形象上。

(2)篮球运动员选择自身的肌肉动作,并集中自己的注意力。

(3)篮球运动员选择自身内部的某种生理因素,并将之作为注意对象,进行指向和注意集中训练。

(4)篮球运动员应使自己的注意力稳定集中在单个或连续动作上。

(五)意志品质训练

意志品质训练是指在训练过程中刻意让篮球运动员解决困难,达到对运动员心理状态进行调节并使其从事预定项目活动的目的。意志品质的训练主要是通过克服实践中所遇到的种种困难实现的。篮球运动员意志品质训练方法如下。

1.刺激法

在篮球运动训练计划中,可以进行一些大负荷运动量的训练,使篮球运动员能够在大强度训练下接受困难的挑战,增强其克服困难的勇气和信心。最好是在他们处于疲劳状态下进行,这样对于他们意志品质的培养具有积极的促进作用。

2.鼓励法

公开表扬意志力顽强的运动员,树立榜样,激励其他队员向其学习,从而培养篮球队整体的坚强意志品质。

3.强制法

对于教练员的命令、训练要求以及竞赛规程中的规定等内容,都要求篮球运动员必须去完成,使其在这个过程中形成顽强的意志品质。

二、校园篮球人才比赛心理能力的培养

(一)赛前心理调节

1.自我认知训练

在篮球运动员自我认知训练方面,自我灌输法是其中一个非常重要的方法。其内容主要包括以下几个方面。

(1)在比赛开始之前,篮球运动员积极进行自我暗示。

(2)充分了解自己的体能状况和技战术水平。

(3)对战胜对手的方法进行分析。

(4)排除外界环境的干扰。

2.模拟训练

模拟训练是在分析和了解比赛环境以及对手特点之后,在基本相同的情况下进行适应性训练,从而促进篮球运动员的临场适应性得到提高,通过模拟训练,运动员能够在头脑中建立合理的动力定型结构,以更好地应对比赛中随时变化的临场情况,促使自身的技战术水平得到充分发挥。

模拟训练的具体方法如下。

(1)模拟赛场气氛

在比赛过程中,篮球运动员的注意力通常会受到现场观众气氛的影响,并产生紧张的心理。因此,在对篮球运动员进行训练的过程中,可以通过对比赛的气氛进行模拟,缓解运动员紧张的心理。如采用放观众噪声录音的形式,模拟比赛现场气氛,提高

运动员适应比赛的能力。

（2）模拟对手

搜集对手比赛的资料，通过观看对手比赛的录像等，了解对手的技战术打法，并进行模拟比赛，让篮球运动员适应比赛对手的节奏和特点，增强战胜对手的信心。

（3）模拟赛场局势

随着篮球技战术水平的不断提高，赛场上的实际情况越来越复杂，经常会出现一些难以预测的情况，因此，篮球运动员要具备适应比赛现场局势的能力。可以在平时的训练过程中有目的地改变赛场局势，如设计出教学比赛，先由一方大比分领先，然后将比分进行调换，或者当与对方同处高比分时，立即宣布最后 1 球决定胜负等。篮球运动员可以通过这种方法，提高自身稳定的心态和随机应变的能力。

3.心理调节训练

心理调节训练是一种有意识地调节运动员赛前不良心理状态的训练方法，具体包括以下几种方法。

（1）催眠放松训练

在正式比赛之前的前一天或当天，心理学专家可以通过催眠篮球运动员，以帮助他们能够从赛前的紧张状态和恐惧感中解脱出来。

（2）赛前谈话

教练员可以通过找篮球运动员进行谈话，让运动员明白其比赛的意义和目的，对赛前的状态进行调整，提高亢奋的情绪，以促使其参赛的信息得以增强。

（3）生物反馈训练

生物反馈训练是一种通过借助于现代仪器，能够对运动员的活动信心进行反映，并向运动员进行及时反馈，然后根据初期测定的结果，根据塑造成型原则来开展反应期训练以及脱离生物反馈仪的训练，促使运动员调节自身情绪的能力得以不断提高，将比赛之前过度焦虑、过度紧张等消除的心理训练方法。

（4）心理自我调节

心理自我调节是指采用最舒适的放松姿势，通过对话，放松肌肉，调节植物性神经系统机能，以缓解赛前动机过强、神经高度紧张、过度兴奋等不良心理状态。

（二）赛中心理调节

1.呼吸调整训练

在比赛过程中，篮球运动员通常会感到紧张，而且会伴随着胸闷气短，呼吸急促、不均匀等症状。这时运动员可采用吸气时肌肉紧张和呼气时肌肉放松相结合的交替呼吸法，达到消除紧张的目的。

2.思维阻断训练

在比赛过程中，篮球运动员通常会因消极的思维产生紧张的情绪，并且自己也能够察觉得到，此时可以采用积极思维来消除消极的意识。例如，篮球运动员由于开赛后的一次失误而不断出现消极思维时，运动员自身又能够意识到，这时运动员就需要利用各种积极的方法，来消除消极思想的影响。

3.教练员积极暗示

在篮球比赛过程中，教练员应冷静处理场上发生的无法预知的情况，做到临危不乱。篮球运动员在比赛的关键时刻，容易出现紧张的情绪，也通常会向教练员投来探寻和求助的目光。这时教练员的一切身体动作和表情都会向运动员传递暗示。因此，教练员要对篮球运动员进行积极的鼓励。

4.自我宣泄

在情绪过度紧张的情况下，篮球运动员可通过握拳、擦脸以及呼喊等，宣泄紧张情绪，同时配合进行积极的自我暗示，以更好地稳定情绪。

5.自我暗示

篮球运动员在比赛时,如果出现情绪不稳定的状况,可以通过自我心理暗示进行调节,如"我要冷静""我一定能够做好这个动作"等,以达到一种稳定的情绪,排除周围环境对自身的影响。

(三)赛后心理调节

1.放松训练

放松训练是指在比赛结束后,借助于语言暗示,使运动员更好地放松肌肉,调节植物性神经系统的机能,放松肌肉和精神。

放松训练的具体操作如下。

(1)闭目静坐,全身上下逐级放松。

(2)深呼吸,呼吸均匀。

(3)连续 20 分钟后,慢慢睁开双眼。

通过这种方法训练能够很好地恢复心理能量。

2.冥想训练

在安静的环境中,篮球运动员闭上双眼,平躺,创造轻松的氛围,使注意力能够从紧张的比赛中脱离出来。

3.弱化兴奋度训练

在结束比赛之后,可以组织愉快、轻松的活动,消除激烈比赛在大脑皮层中所产生的影响,缓解大脑疲劳,降低兴奋水平,逐渐恢复正常心理状态。

4.激情疏通训练

在结束比赛之后,篮球运动员可以通过书写、谈话等形式来将自己内心的不良情绪合理宣泄出来,消除心中的积闷和抑郁。

第八章 校园篮球人才的核心技能素质培养

在校园篮球后备人才培养中,技战术能力的培养至关重要,篮球后备人才竞技能力的高低由其体能、心理、智能等基本素质和技战术核心技能因素所决定,其中技战术核心技能因素占有较大的比重,加强核心技能培养可以有效提升篮球后备人才的技战术水平,提高其竞技能力和运动水平。技战术训练是提高核心技能水平的主要方法,因此本章详细分析篮球技战术的训练方法,从而为校园篮球后备人才的技能培养提供科学指导。

第一节 校园篮球人才技战术兼备意识的培养

篮球技术与战术密不可分,要培养篮球战术意识,首先要培养技术意识,这是基础意识,技战术兼备意识对篮球人才的发展具有重要意义。

一、篮球技术意识的培养

对技术运用意识的培养应始终贯彻在篮球技术教学和训练中,篮球技术具有目的性、预见性、隐蔽性及灵活性,应将这些特性融入篮球初级训练到高级训练的整个过程中,重视培养基础意识,以在实践中更好地运用各项技术动作。在篮球技术教学与训练中,都要强调攻防兼备意识,如在篮球防守技术的教学与训练中,应使学生想到成功防守后紧接着要做的下一个动作,并能够迅速衔接,及时转换;在篮球进攻技术教学与训练中,要对学生的持球进攻技巧进行培养,并使其清楚在不持球时的跑位及如何抢占有利位置,使其配合有球队员,并做好进攻失误后转入防守的准备,在不断的练习中熟能生巧,使技术衔接形成习惯,并为战术意识的培养奠定基础。

二、篮球战术意识的培养

培养战术意识是为了服务于实战,在培养集体战术意识前,要先培养个人战术意识,并将集体战术的潜意识培养渗透进去,传播先进的战术意识,为集体战术水平的提高打好基础。

在集体战术培养中,要重视攻守兼备意识的形成与提高,在进攻战术的教学与训练过程中,结合防守战术进行练习,在防守战术教学与训练中,融入进攻战术的训练意念,促进防守能力的提高,使进攻与防守的矛盾向深度发展,这种带有双重目的的反复训练能够使训练效果实现质的飞跃。

第二节　校园篮球人才的技术能力培养

一、移动技术能力培养

(一)移动技术动作方法学习

1.起动

重心下移,身体向前倾,臂肘自然弯曲,用后脚前脚掌蹬地,两臂同时配合摆动。前两步用时短,速度快,之后上体慢慢抬起,重心前移(图 8-1)。

图 8-1

2.跑

以变向跑,从右向左变向为例,动作方法如下。

灵活变化方向对攻守任务的完成是有帮助的。变向跑时,最后一步右脚前脚掌内侧为蹬地时的主要着力处,膝盖迅速弯曲,腰左转,上体前倾;重心移动到位,左脚迅速跨向左前方(图 8-2)。

图 8-2

3.滑步

以向左侧滑步为例,动作方法如下。

两脚分开比肩宽,屈膝,两臂张开,平视对手。滑步时,右脚蹬地,以前脚掌内侧为着力点,同时向左跨左脚,右脚在左脚落地的同时随同移动,继续根据来球滑步(图 8-3)。

4.急停

以跨步急停为例,动作方法如下。

　　先向前跨一大步,屈膝,下移重心,稍向后仰身体,使跨步中形成的前冲力有所减缓;接着再跨一步,前脚掌内侧着地,身体转向一侧,稍微向前倾体,两腿共同支撑体重,两臂屈肘自然打开,保持平衡(图8-4)。

图 8-3

图 8-4

5.转身

　　两脚分开约同肩宽的距离,屈膝,两脚同时支撑体重。准备转身时,中枢脚支撑重心,提踵,以前脚为轴碾地,同时移动脚用力蹬地,上体随动。注意保持身体平衡。

　　图8-5和图8-6分别所示的是前转身和后转身。

(二)移动技术练习

1.沿跳球圈追逐跑

　　两名练习者一组,一人追,一人被追,同时沿跳球圈跑,追者拍到被追者的背部后,两名练习者角色互换继续练习(图8-7)。

图 8-5

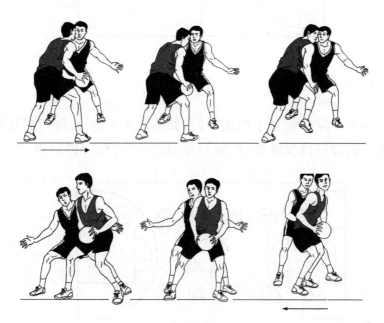

图 8-6

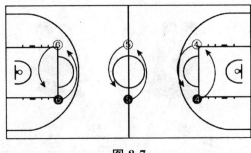

图 8-7

2."8"字形跑

练习者在场地端线与限制区的交点位置做好起跑准备,绕提前摆好的三个跳球圈向外侧身弧线跑(图 8-8)。

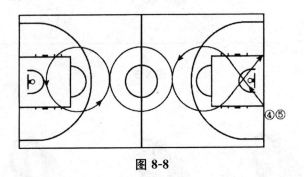

图 8-8

3.穿梭跑

将多个障碍物置于场地中间,如图 8-9 中的△,练习者从场地端线一侧做好出发准备后,向前穿梭跑,绕过每个障碍物。

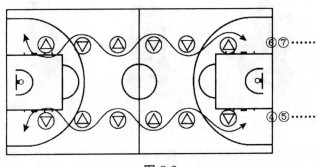

图 8-9

4.防守步法的综合练习

练习者观察⊗的手势,根据手势指令做不同方向的滑步练习,练习两组,一组 1 分钟,间隔 30 秒(图 8-10)。

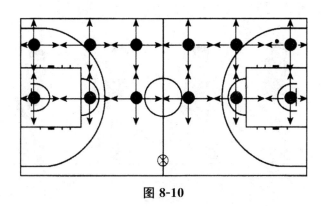

图 8-10

二、运球技术能力培养

(一)运球技术动作方法学习

1.高运球

两脚开立,身体小幅度前倾,微屈膝,右臂自然弯曲,右手拍球上方,手臂跟随球移动的节奏上下来回摆动。争取每次拍按球后,使球落在身体右前方(图 8-11)。

图 8-11

2.低运球

屈膝,下移重心,上体前倾,主要用手指按拍球的后上方部位,动作应短促有力,注意控制力度,尽量使球弹起后的高度与膝关节齐平(图 8-12)。

图 8-12

3.转身运球

运球队员遇到右路防守时,左脚迅速向前迈出,并支撑重心,身体迅速后转,寻找机会换左手运球,注意保护好球,突破防守(图 8-13)。

图 8-13

4.背后运球

从右向左变向时,右手把球拉到背后,迅速转腕向身体左侧前方拍按球(右后方),换左手运球,快速向前移动(图8-14)。

图 8-14

(二)运球技术练习

1.行进间接球转身运球突破

①拉开边线接球,通过转身(前转身或后转身)运球突破的方法应对防守者❶的防守(图8-15)。

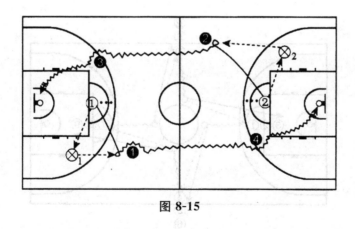

图 8-15

2.全场曲线运球

练习者在短线外各持一球站立,如图8-16所示,向场地另一侧篮下运球,要经过场地上的三个圈,到篮下后迅速上篮,然后按相同的方向将球运回起始位置。

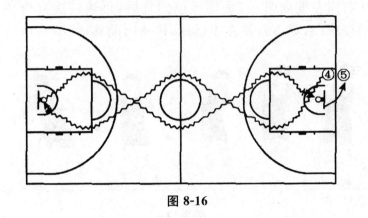

图 8-16

3.运球综合技术训练

将练习者分为四队,每队站位如图 8-17 所示,每队第一人各持一球,运球向场地中圈行进,到目的地后急停,给相邻一队的第二人传球,如①传球给⑤,④传球给⑧……每队第二人接球后按相同方法练习。

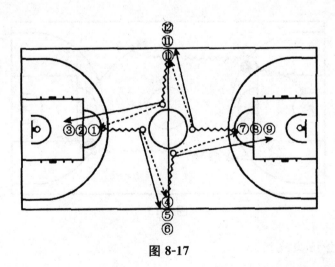

图 8-17

三、传接球技术能力培养

(一)传接球技术动作方法学习

1.右手肩上传球

左脚向前迈半步,右手托球引到右肩上方,上臂几乎平行地面,手腕保持后仰姿势。左肩与传球方向相对,右脚支撑体重,右脚蹬地,转体,右前臂迅速挥摆,手腕前屈,用食指、中指的力拨球。右脚随之向前迈半步,保持身体平衡(图 8-18)。

图 8-18

2.双手接球

注视来球,直臂伸出迎球,两手成一个半圆形,十指分开。手指触球后随球后引、缓冲,保持身体平衡(图 8-19)。注意迎球时两臂的高度根据来球的高度而适当调整。

图 8-19

（二）传接球技术练习

1. 面对面跑动中接球急停后的传球

将所有练习者分成两队，面向而立，行进间接球急停并传球，而后向对方队尾跑进（图 8-20）。

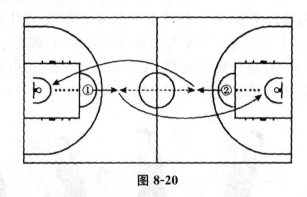

图 8-20

2. 横向移动换位传接球

如图 8-21 所示，四名练习者呈"口"字形站立，同一横向、纵向上的两名练习者各相距 4～5 米的距离。④、⑤各持一球，④给⑥传球，⑤给⑦传球，⑥、⑦接球后回传，④、⑤传球后迅速互换位置接球，④接⑥的回传，⑤接⑦的回传，此时⑥、⑦再交换位置接④、⑤的回传球，反复练习。

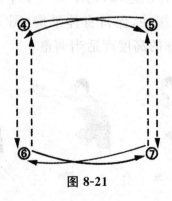

图 8-21

3.三角传接球

如图 8-22 所示,将所有练习者分成人数相等的三队,每队纵向队形站好,三个队整体站成三角队形,各排头保持 4~6 米的间距。排头传球后跑到接球者所在队的队尾,如①给②传球后向②所在队的队尾跑进,②给③传球后向③所在队的队尾跑进,反复练习。

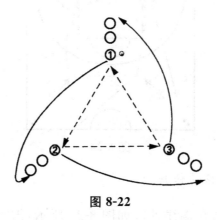

图 8-22

4.四角直线传接球

如图 8-23 所示,将四名练习者安排在半个场区的四个角,给相邻者传球,①给②传球、②给③传球、③给④传球、④再给①回传球,依次进行。

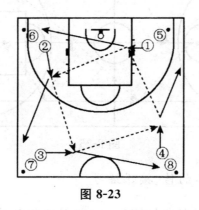

图 8-23

5.四角传球上篮

如图 8-24 所示，①、②、③、④直线传球，①传②，②传③，③传④，④接球后回传给③，③迅速向篮下切入接球投篮。此练习反复进行。

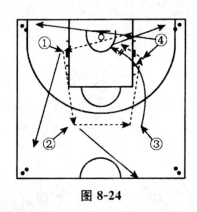

图 8-24

6.三人快速移动传接球

三人两球，站在端线外。如图 8-25 所示，①②各持一球，①传球给③后向前跑动，在跑动中接②的球并回传，再接③的球并回传……直到跑到对侧端线。

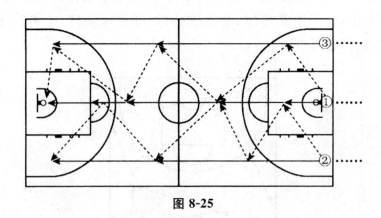

图 8-25

7.全场二对二的传、接球练习

每次四名练习者参与练习，攻守方各两名练习者。进攻方传球后摆脱空切（或摆脱斜插）接球，向对侧篮下运球并上篮，返回时攻守方互换位置继续练习（图 8-26）。

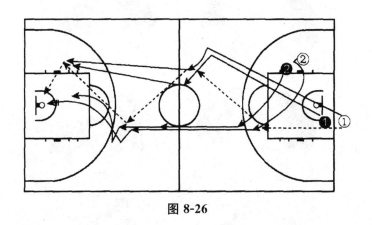

图 8-26

四、持球突破技术能力培养

（一）持球突破技术动作方法学习

1.原地持球交叉步突破

以右脚做中枢脚从防守队员右侧突破为例，动作方法如下。

两脚开立，微膝，重心下移，持球高度在胸腹之间。突破时，右脚向右前方迈步（小步），待防守者做出相应移动后，右脚快速蹬地向左前方跨步（大步），稍向左转体，向前下方压低右肩，向左前方移重心，向身体左侧引球，左手推按球，左脚迅速蹬地突破对方的防守（图 8-27）。

2.原地持球同侧步突破

以左脚做中枢脚为例，动作方法如下。

准备姿势和突破前的动作要领同上。突破时，用投篮假动作迷惑对方，当对手"上钩"时，迅速向前跨右脚，上体随动，左脚用力蹬地前跨，边运球边突破防守（图 8-28）。

图 8-27

图 8-28

（二）持球突破技术练习

1.有防守时的持球突破训练

如图 8-29 所示，④向⑤传球，⑤向圆顶斜插同时接球突破，⚠做好退防准备。④给⑤传球后移动到原来⑤所在位置的队尾，依次反复练习。⑤进攻后移动到⑦的队尾，⚠完成防守任务后移动到⑥的队尾，注意传球到位，主动接球，降低重心进行突破，保护好球。

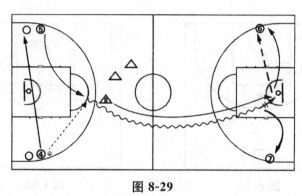

图 8-29

2.移动接球跨步急停后撤步接后转身突破

如图 8-30 所示，⊗给①传球，①移动接球，篮下跨步急停。❶对①进行防守并伺机抢球，①转身突破上篮，外线队员以此方法进行练习，如图 8-31 所示。

图 8-30

图 8-31

3.移动中背对篮接球后撤步转身突破

如图 8-32 所示,内线队员在内中锋位置各持一球。①给⊗传球,⊗再回传,①传球后迅速上插至外中锋位置,背对篮接球,然后向后撤步转身突破上篮。

4.背对篮后撤步转身运球突破

①持球,与栏架背对,向后撤步,转身,以同侧手运球突破上篮(图 8-33)。

图 8-32

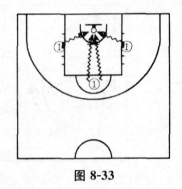

图 8-33

五、投篮技术能力培养

(一)投篮技术动作方法学习

1.原地右手投篮

双脚开立,屈肘,稍屈膝,上体前倾,手腕保持后仰姿势,手心空出,持球于右前上方,左手扶球侧,眼睛看向篮点。投篮时两腿蹬伸,手腕前屈,食指和中指拨球投出(图 8-34)。

2.跳起右手投篮

两脚开立,膝微屈,上体适度放松,眼睛瞄准篮圈。持球高度在胸腹间,起跳时,重心下移,伸腰、摆臂举球,同时向上跳起,至最高点时右臂伸向前上方,用指端拨球投出。落地时注意适度屈膝,以获得有效的缓冲,准备好抢篮板球或回防(图 8-35)。

图 8-34

图 8-35

(二)投篮技术练习

1. 两点移动投篮

如图 8-36 和图 8-37 所示,两名练习者共用 1 球进行练习,分别担任传球者和投篮者的角色,投篮时以中、远不同距离为主,练习一定次数后,传球者与投篮者互换角色继续练习。

2. 底线连续移动投篮

如图 8-38 所示,四名练习者共用 2 球进行练习,投篮、捡球各 1 名,传球 2 名。②给①传球,①在底线接球投篮,然后快速向另一侧底线移动,接③传来的球后积极投篮。经过一定次数的练习后,角色互换反复练习。

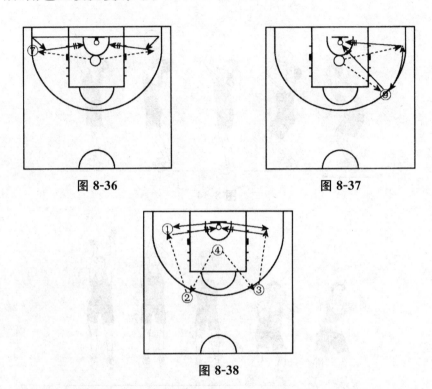

图 8-36   图 8-37

图 8-38

3.两底角或两侧 45°角移动投篮

如图 8-39 和图 8-40 所示,两名练习者共用 1 球进行练习,②持球站在罚球线附近给位于两底角处的①传球,①移动接球投篮,并冲抢篮板球,再给②回传球。两名练习者互换位置反复练习。

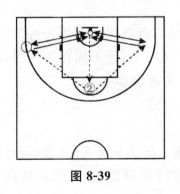

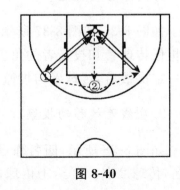

图 8-39   图 8-40

4.全场推进后投篮

将练习者分成两组,全场以中轴为界,两组练习者各占用一边场地同时进行练习。两组排头练习者直线传球推进,到弧顶附近中投。为加大练习密度,下一组可在上一组过中线时开始推进(图8-41)。

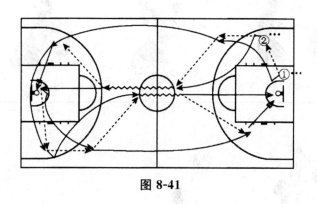

图 8-41

六、抢篮板球能力培养

(一)抢篮板球技术动作方法学习

1.抢进攻篮板球

以外线队员抢篮板球为例,当同伴投篮时,如进攻队员面向球篮,则首先要对球的反弹方向、球的运行速度以及球的落点进行观察与判断,然后朝球的反弹方向突然起动,及时补篮或抢篮板球。若从防守人身后左侧冲抢篮板球,进攻队员面向球篮,右脚向右跨出一步,以假动作迷惑对方,对方做出相应移动后,进攻队员右脚迅速复位并向前跨步绕前,此时身体重心落在左脚。进攻者向防守方挤靠,并伺机跳起抢篮板球(图8-42)。

图 8-42

2.抢防守篮板球

以处于外围的防守队员抢篮板球为例。当进攻队员投篮、防守队员面向对手时,进攻队员应观察与判断对方意图,通过转身阻止对方向篮下移动,并抢占有利位置。起跳抢球时,前脚掌充分蹬地,两臂上摆,迅速展体,在最高点伺机抢球(图 8-43)。

图 8-43

(二)抢篮板球技术练习

1.一对一、二对二、三对三抢攻、守篮板球练习

(1)一对一练习

两名练习者一组进行练习,一人进攻一人防守。⊗投篮后,

进攻方①从防守方身后绕过冲抢篮板球,防守方试图对进攻方进行阻挡并抢篮板球。攻守双方交换角色继续练习(图 8-44)。

(2)二对二练习

二对二练习抢攻、守篮板球练习参考图 8-45。

图 8-44

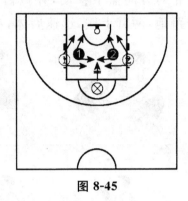

图 8-45

(3)三对三练习

三对三抢攻、守篮板球练习参考图 8-46。

2.罚球不中时抢攻、守篮板球练习

六名练习者一组进行练习,2 攻 4 守。⊗故意罚球不中,进攻方①或②迅速抢篮板球并投篮,如果被防守方抢到,则进攻方组织快攻反击。攻守方交换角色反复练习(图 8-47)。

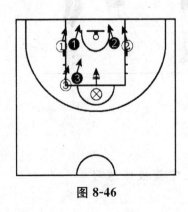

图 8-46

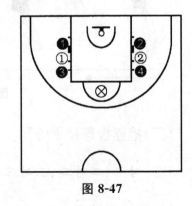

图 8-47

3.结合投篮抢前场篮板球练习

如图 8-48 所示。两名练习者一组进行练习，一名练习者负责投篮，另一名练习者抢前场篮板球（在中距离位置），抢到篮板球后再直接投篮。二人交换位置反复练习抢篮板球。

图 8-48

七、防守技术能力培养

（一）防守技术动作方法学习

1.抢球

当进攻队员运球停止或抢到篮板球落地时，防守队员趁其不备伺机迅速抢球。要求动作快、狠、果断，当已经触球或将球控制住时，通过拧、拉和扭转身体的力抢夺球，同时迅速收回手臂。一手在上，一手在下直握，这是抢球的常见手法（图 8-49）。

2.打球

如打运球队员手中的球，以右手运球为例，在进攻队员运球推进时，防守左脚向左滑步实施抢位堵截战术，当球离开地面弹起时，左手迅速从侧面将球打出，并及时上前抢球，动作必须短促而有力（图 8-50）。

图 8-49

图 8-50

3.盖帽

"盖帽"前要观察进攻者的投篮动作、身高、弹跳等情况,然后重心降低,迅速移动到位,找准机会实施战略。

当进攻队员跳起投篮时,防守队员及时起跳,保证身体和手臂处于充分伸展状态,当进攻队员将球举到最高点或刚准备拨球时,防守队员果断用手腕、手指的力拨球,将球打落。注意动作幅度要小,但速度要快,为避免犯规,不要下压前臂(图 8-51)。

图 8-51

(二)防守技术练习

1. **防有球队员**

(1)全场徒手一对一攻防练习

两名练习者一组,一名练习者负责进攻,另一名充当防守队员。开始训练时,一组的两名练习者从场地一侧端线开始向另一端线行进,返程时,两人交换角色,并从另一侧继续练习。第一组到达中线时,第二组开始练习,方法相同,直至所有练习者都完成练习(图 8-52)。

(2)全场一对一防运球练习

两名练习者一组,从端线开始,一名练习者负责运球,另一名练习者重点在于防守,二人到另一端线后,交换位置练习,直到返回原端线,反复进行(图 8-53)。

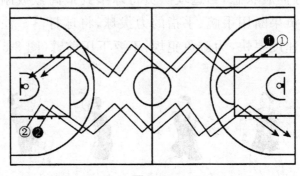

图 8-52

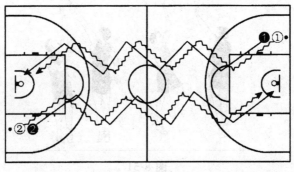

图 8-53

2.防无球队员

(1)全场一对一防摆脱接球的练习

两名练习者一组,一攻一守,从端线处开始。进攻者①传球给⊗₁,⊗₁给①回传球,①徒手摆脱❶的防守并接回传球。❶尽可能阻止①接球,并防止其突然加速反跑空切(图 8-54)。

当⊗₁传给⊗₂时,防守者❶立即对防守位置进行调整,始终在有利的防守位置上进行有效防守,如图 8-55 所示。

(2)二对二防掩护的练习

四名练习者一组参加练习,2 攻 2 守,完成以下不同位置的掩护练习。

①防后卫与前锋位置上的掩护(图 8-56)。

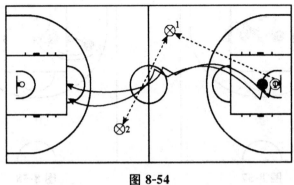

图 8-54

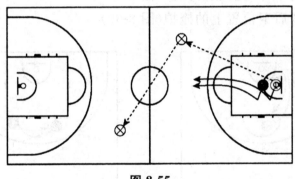

图 8-55

图 8-56

②防两侧内中锋之间的掩护（图 8-57）。

③防前锋与同侧内中锋的掩护（图 8-58）。

图 8-57

图 8-58

④防内中锋与后卫的掩护(图 8-59)。

⑤防两后卫位置上的掩护(图 8-60)。

图 8-59

图 8-60

3.攻守转换练习

(1)两人快攻后转换防守的练习

两名练习者为一组。①、②传球上篮后,转攻为守,防守③、④,⊗捡篮板球后传球给③或④。此时下一组开始练习,连续进行。

如图 8-61 所示,①、②转为防守方后,向③、④位置移动,③、④向端线队尾移动,准备快攻传球上篮。

(2)全场二对二攻守转化练习

将全体练习者分成两个大组,分别是●组和○组。❶、❷在全场进攻,当二人出现以下情况之一时,转攻为守。

①投中。

②失误。

③违例。

④被队员①、②抢到后场篮板球。

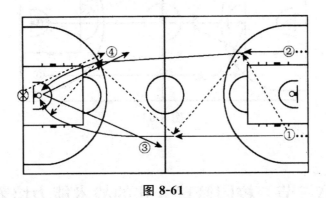

图 8-61

❶、❷成为防守方后，③、④上场进攻。①、②休息。当③、④同样出现上述前三种情况之一或被❶、❷抢到后场篮板球后，也转为守方，此时③、④上场进攻，❶、❷休息，依次完成练习(图 8-62)。

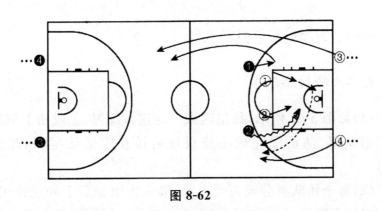

图 8-62

（3）三人全场攻守转化练习

三名练习者一组。①、②、③传球给⊗，然后快跑退守，在中线附近向后转身后退跑，同时接⊗的回传球，并发起快攻反击，快攻上篮后，中路队员传球给⊗，两边路队员底线交叉后退守快下，重复练习一次，两个往返后下一组上场以同样的方法进行练习

（图 8-63）。

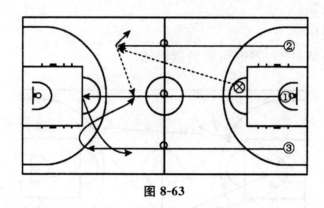

图 8-63

第三节　校园篮球人才的战术能力培养

一、进攻战术能力培养

（一）进攻基础配合战术练习

1. 二人传切配合

（1）如图 8-64 所示，每组两人一球进行练习，①成功上篮后排在②组队尾，队员②完成抢篮板球后排在①组队尾，如此反复练习。

（2）将全体队员分成两个大组，第一大组是后卫和前锋组，第二大组是中锋组，每组两人一球进行练习。每次练习后两人交换位置重复练习。

前锋与后卫队员的传切配合练习如图 8-64 和图 8-65 所示；前锋与同侧内中锋的传切配合练习如图 8-66 所示；内、外中锋的传切配合练习如图 8-67 所示。

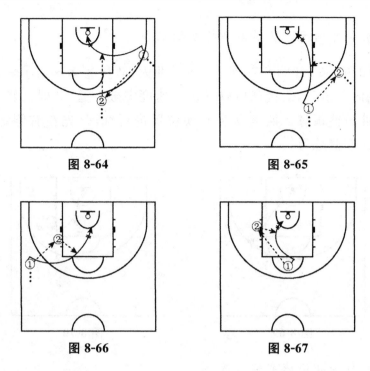

图 8-64　　　　　　　　　　图 8-65

图 8-66　　　　　　　　　　图 8-67

2.三人两球传切配合

如图 8-68 所示,队员①和②各持一球,①向③传球后摆脱纵切将②的传球接住并上篮,②传球后摆脱横切将③的传球接住并上篮,①、②上篮后自抢篮板球,然后互相交换位置排到队尾,③先固定传球,其他队员分成两个组,每组队员各持一球排在①和②位置上进行练习,然后轮换练习。

在刚开始练习的阶段,可以不加防守,待熟练一段时间后再进行防守配合练习。

图 8-68

3.运球给无球队员做侧掩护的配合

如图 8-69 和图 8-70 所示,每组两人,队员②运球给①做侧掩护,并向①传球,①接球后以最快的速度突破上篮,此时②转身下顺或冲抢篮板球。两名队员互换位置进行练习,先在右侧练习,然后在左侧练习。

图 8-69　　　　　　　　　　　图 8-70

4.侧掩护运球突破上篮

如图 8-71 和图 8-72 所示,队员①持球,△防守。队员②为①做侧掩护,①以最快的速度突破上篮,②转身冲抢篮板球,①、②互换位置重复练习。

一般先从右侧开始练习,然后从左侧练习。

图 8-71　　　　　　　　　　　图 8-72

(二)进攻半场人盯人防守战术练习

下面以单中锋 2—3 落位进攻法为例来解析进攻半场人盯人

防守战术训练方法。

1.连续空切进攻法

如图 8-73 所示,后卫队员②给③传球后空切,③接球后回传给②,②接球投篮。

图 8-73

如图 8-74 所示,如果②没有接球机会,向右侧内中锋位置移动,③给外线队员①传球,②掩护①,①接球后从底线空切篮下并传球给②,②接球投篮,如果③没有机会,则从右底线向左前锋位置迂回,左侧内中锋⑤掩护④,④从上线空切到篮下,接①传来的球并迅速投篮。

如图 8-75 所示,如果④没有找到空切的机会,则向右前锋位置迂回,②上提形成 2—3 落位,然后按上述方法重新开始进行连续空切训练。

图 8-74

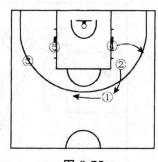

图 8-75

2.外线运球掩护结合中锋插中策应进攻法

如图 8-76 所示,②一边运球一边掩护③,并给③传球,③接球后找准时机跳投或突破上篮,或将球传给左侧内中锋队员⑤,⑤迅速上插外中锋位置接③传来的球,与③策应配合。⑤接球后如果找不到机会与③配合,则转身跳投或突破上篮,然后将球传给左侧队员④,④可迅速空切篮下接球。

图 8-76

(三)进攻区域紧逼战术练习

1.全场二攻二的传切推进练习

如图 8-77 所示,①与②摆脱△、△的防守传切推进,到前场传切上篮,返程时双方交换继续练习。

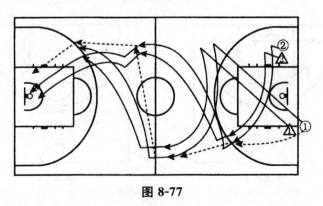

图 8-77

2.1—2—1—1 落位进攻 2—2—1 区域紧逼练习

如图 8-78 所示,②掩护③后转身挡住△,然后接①的发球并给中线附近的④传球,④再给弧顶的⑤传球。这时①和③从两侧边路快下,以多打少的局面已经形成。

若⑤策应失败,④中路持球与①、③形成三路进攻局面。如果防守方退守,进攻方进入前场后按进攻半场人盯人的战术方法发起进攻。

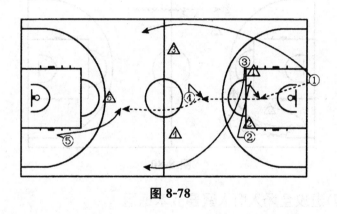

图 8-78

3.1—2—2 落位进攻 1—2—1—1 区域紧逼练习

如图 8-79 所示,②向后场顶弧一带的空隙横切接①掷的界外球。接球后给③传球并向前场空切,③伺机给②回传。在前场形成以多打少的局面。

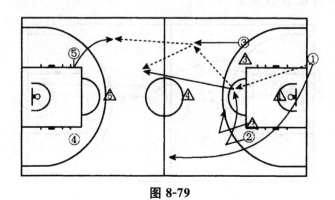

图 8-79

4.破夹击时的传球练习

如图 8-80 所示，①运球在中场被△、△夹击，①应运用跨步摆脱夹击，及时给②传球，或者突然跳起给②传球。

③在左侧底角被△、△夹击时，可采用同样的方法给④传球，但跳起传球时，应在空中 90°左右转身，以便传球成功率更高。攻、守方交换进行练习。

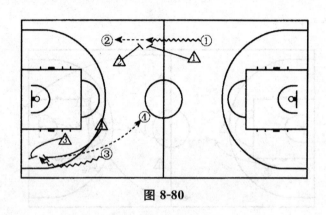

图 8-80

(四)进攻全场人盯人紧逼战术练习

1.全场一攻一运球加策应推进练习

如图 8-81 所示，①运球推进，给摆脱上提到弧顶策应的②传球，然后迅速起动将△的防守摆脱后接②回传来的球，接球后投篮或与②打配合投篮。

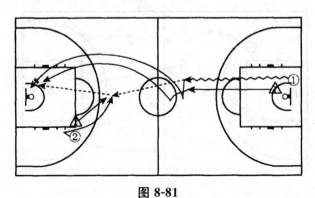

图 8-81

2.全场二攻二运球突破结合传切的推进练习

如图 8-82 所示,①和②接到界外球后,通过传切或运球突破向前场推进并投篮,△与△紧逼防守,投篮后双方交换返程继续练习。

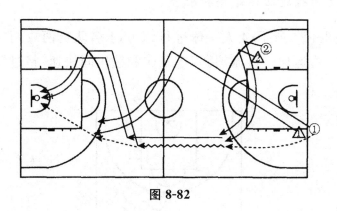

图 8-82

3.全场三攻三综合推进练习

如图 8-83 所示,①、②后场掷界外球后采用运球、传切、掩护等方法推进。前场进攻队员③做策应,三攻三守,直至进攻队员投篮成功或防守队员抢篮板球成功。然后外线组回到队尾,前场策应队员,每组两人轮换练习。

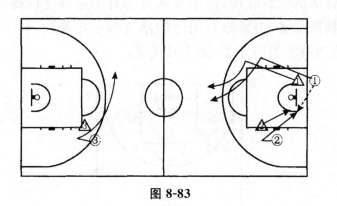

图 8-83

二、防守战术能力培养

(一)防守基础配合战术练习

1.运用抢过防运球掩护配合

如图 8-84 所示,4 人一球进行练习,4 名队员两攻两守,进攻队员①一边运球一边掩护②,△从①和②中间快速"挤过"对②进行防守。

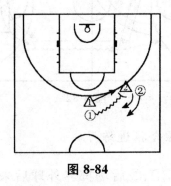

图 8-84

2.运用换防破坏内中锋与前锋掩护配合

如图 8-85 所示,每组 4 人,两攻两守,固定传球队员③持球,异侧前锋队员①溜底线,内中锋队员②对①进行定位掩护,①外拉做好接球准备,对②进行防守的△立即绕出换防,对①进行防守,而△近身紧紧防守②,阻止其接球。

图 8-85

3.全场夹击配合

如图 8-86 所示,进攻队员①向前场运球,△迫使①走边路,并使其在中场边角停球。这时△及时迎上防守,与△形成夹击。

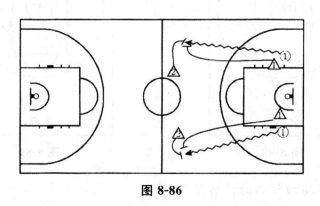

图 8-86

(二)半场人盯人防守战术练习

1.半场三防三的协防练习

如图 8-87 所示,①、②、③为进攻队员,防守队员△、△防后卫队员,△防前锋队员。当②持球时,△平步紧逼②,△、△协助防守。△主要是对①进行防守,△主要是保护篮下,对③进行防守。

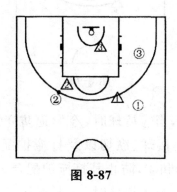

图 8-87

如图 8-88 所示,①持球时,△平步紧逼①,△、△协助防守,二者分别对②、③进行防守,避免其掩护配合。

如图 8-89 所示,③持球时,△平步紧逼防守,△、△协助防守,二者分别对①、②进行防守,避免其掩护配合。

图 8-88   图 8-89

2.半场四防四的协防练习

①、②、③、④为进攻队员,其中①、②是后卫,③、④是前锋,这四名队员分别由防守队员△、△、△、△防守。

如图 8-90 所示,当②持球时,△紧逼防守,△、△协助△,分别对①、④进行防守,△负责保护篮下,防止③横切和掩护配合。

图 8-90

如图 8-91 所示,当③持球时,△紧逼防守③,△协助△,并对①进行防守,防止其接球、纵切以及打掩护配合。△、△主要负责保护篮下,防守②和④,防止其打掩护配合。

如图 8-92 所示,当④持球时,△紧逼防守④,△协助△,并对②进行防守,避免其接球和打掩护配合,△、△主要负责保护篮下,对①、③进行防守,避免其打掩护配合。

图 8-91　　　　　　　　　图 8-92

（三）区域紧逼战术练习

1.1—2—1—1 区域紧逼

如果进攻队采用 1—2—2 落位时,如图 8-93 所示,①给②发球,△和△对②进行夹击。△向中路移动补位,△向有球侧移动协防。

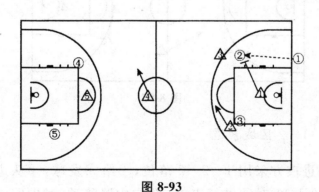

图 8-93

如图 8-94 所示,如果②给④传球,△和△迅速对④进行夹击,△向原来△的位置移动进行补防,避免⑤向篮下空切,△向原来△的位置移动进行补防,△快速向后场右侧移动,形成半场区域紧逼防守阵式。

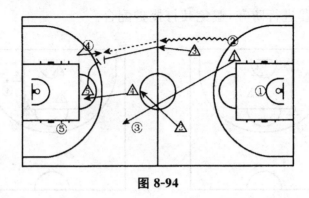

图 8-94

2.1—2—2 区域紧逼

如图 8-95 所示,如果进攻方采用 1—2—2 落位,给③发球时,▲和▲对③进行夹击,▲快速向中路移动,对进攻方的中路推进或空切进行控制。

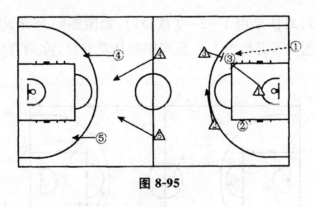

图 8-95

3.2—1—2 区域紧逼

如果进攻方采用 1—2—2 落位,①给③发球,③从边线运球推进时,▲与▲对③进行夹击,▲向中路移动,对中路一带进行控制,并将③与①、②的传球路线割断。▲与▲分别将③与⑤、③与④的传球路线割断(图 8-96)。

如果③接①掷来的球后迅速运球推进,▲与▲在中场附近对③进行夹击,这时▲、▲分别补防▲、▲的防守位置,▲补防中场的防守位置,形成顺时针补位换防的防守阵势(图 8-97)。

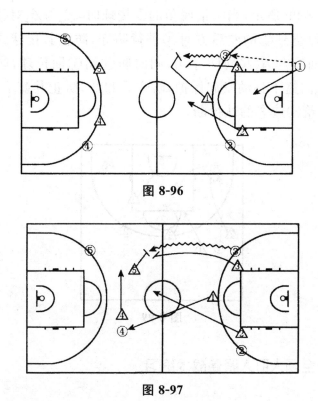

图 8-96

图 8-97

4.3—1—1 半场区域紧逼

如图 8-98 所示，⚠迫使①向边角运球，然后与⚠对①进行夹击；⚠防④接球，⚠防④篮下纵切，同时对⑤进行防守，避免其接球和向篮下横切；⚠将①、②、③的传球路线割断。

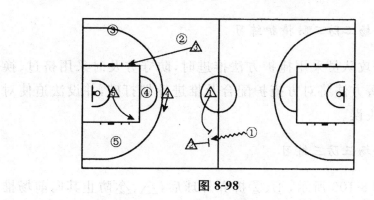

图 8-98

如图 8-99 所示,当①给底角的⑤传球时,△与△对⑤进行夹击,△迅速绕到④的左后方对④进行防守,防止其接球或向篮下空切;△回缩与△共同防守④,同时防⑤给①回传球,防①篮下空切。△向篮下移动发起保护,防守③和②,防止其篮下空切,同时将⑤传给②或③的球抢断。

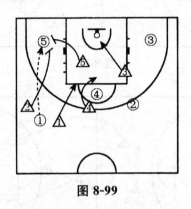

图 8-99

(四)全场人盯人紧逼战术练习

1. 全场一防一的练习

全场一攻一守,从端线起向对侧运球进攻。返回时攻、守双方交换练习。每组两人一球,将全队分成若干组。前一组在前场投篮时,下一组开始练习,最后一组完成练习后,第一组返程继续练习。

2. 全场二防二防掩护练习

当进攻队员采用掩护方法推进时,防守方及时采用挤过、换人、绕过等方法将对方掩护配合及推进计划打破,并设法迫使对方违例、失误。

3. 全场三防三练习

如图 8-100 所示,①、②掷界外球后,△、△防止其向前场推进。①、②通过掩护、传切、运球突破等方法推进，⚠、⚠采用相应的防守方法阻止对方推进，⚠在后场防守③，以防策应。

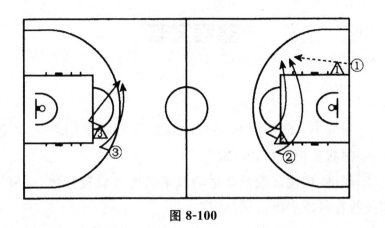

图 8-100

参考文献

[1]乐玉忠,张伟.校园篮球文化建设与教学创新探索[M].北京:中国商业出版社,2018.

[2]战迅.现代高校篮球运动教学的内容设置与研究[M].科瀚伟业教育科技有限公司,2018.

[3]高峰.现代高校篮球运动及其教学实践分析[M].北京:中国纺织出版社,2018.

[4]朱超.高职篮球运动教学理论分析与科学设计[M].北京:中国水利水电出版社,2018.

[5]孟杰,孟凡钧,王泉海.篮球教学理论与应用研究[M].北京:北京日报出版社,2018.

[6]宋良忠.产生式系统理论与篮球课程改革[M].沈阳:辽宁大学出版社,2018.

[7]张望.高校篮球文化的"三维"建构路径分析[J].鞍山师范学院学报,2018,20(4).

[8]钱海龙,柴晓娟.人文关怀视域下校园篮球文化价值探析[J].教书育人,2015(35).

[9]高治.我国青少年校园篮球运动发展的动力机制研究[D].武汉体育学院,2016.

[10]刘云民,王恒.篮球教学与训练[M].哈尔滨:哈尔滨工程大学出版社,2015.

[11]王峰.现代篮球运动的理论研究[M].北京:人民日报出版社,2013.

[12]刘强.基于多维视角的高校篮球教学研究[M].北京:人民日报出版社,2017.

[13]徐姣.篮球隐性课程开发途径研究[D].内蒙古师范大学,2015.

[14]朱珍珍.关于山东体育学院篮球精品课程建设发展对策的研究[D].山东体育学院,2012.

[15]赵小平,李亚华.高校体育精品课程建设的问题与对策——以"篮球"精品课程建设为例[J].通化师范学院学报,2017,38(6).

[16]张云龙.黑龙江省普通高校篮球教学现状调查研究[D].哈尔滨工业大学,2013.

[17]舒心.成都市中等职业学校篮球课程开展的研究[D].成都体育学院,2014.

[18]牛文君.高校篮球教学中学生终身体育意识的培养研究[J].体育世界(学术版),2018(10).

[19]岳磊.浅谈篮球课的多重教学目标及其实现[J].青少年体育,2016(11).

[20]唐建倦.现代篮球运动教程:理论·方法·实践[M].广州:华南理工大学出版社,2014.

[21]黄滨,翁荔.篮球运动[M].杭州:浙江大学出版社,2014.

[22]徐程程,狄小慧.人文关怀视角下高校篮球选修课教学方法的现状与创新[J].运动,2018(14).

[23]陈进然.微课在高中篮球教学中的应用研究[J].体育世界(学术版),2018(11).

[24]刁容.学导式教学方法在高校篮球教学中的应用[J].当代体育科技,2017,7(23).

[25]张哲华.高中篮球教学方法的组合应用[D].辽宁师范大学,2017.

[26]张乐为."体验式学习"方法在高校篮球教学的实验探讨[J].江西电力职业技术学院学报,2018(5).

[27]李梓敏,林武忠.试论不同学习方法及指导在体育教学中的运用[J].当代体育科技,2014,4(21).

[28]张德旺.浙江省金华市高中生篮球课程学习行为研究[D].北京体育大学,2014.

[29]王腾.浅析不同年龄阶段学生的体育学习方法[J].教育教学论坛,2011(9).

[30]王偲又.乐山市中学篮球运动后备人才培养现状及发展对策研究[D].重庆大学,2016.

[31]叶巍.新视角下篮球运动之人才研究[M].长春:吉林大学出版社,2013.

[32]曲腾飞.新时期校园篮球人才培养及对策的研究[J].体育世界(学术版),2018(7).

[33]曹守奎.吉林省青少年篮球后备人才文化素质分析及培养机制研究[D].东北师范大学,2007.

[34]王选琪.篮球技战术兼备意识的分析与培养[J].渭南师范学院学报,2003(5).

[35]刘学奎,刘彬,李斌.篮球运动教育教程[M].长春:吉林大学出版社,2017.

[36]朱明江.高校篮球运动教学开展的理论与实践[M].北京:中国水利水电出版社,2017.

[37]贾志强,贺金梅.篮球基本技术课堂[M].北京:北京体育大学出版社,2015.

[38]王小安,张培峰.现代篮球运动教程[M].北京:北京体育大学出版社,2016.

[39]于平,王厚民.篮球运动[M].合肥:合肥工业大学出版社,2014.

[40]张海利,张海军.现代高校篮球教学理论与方法研究

［M］.北京：新华出版社,2015.

［41］牛文君.普通高校篮球现代教学理念创新研究［J］.科技信息,2011(27).

［42］刘元国.多元视域下高校篮球专修课教学创新研究［D］.辽宁师范大学,2014.